JN418597

문장 작법

국어교재편찬위원회 편

숭실대학교 출판부

차 례

차 례

차 례

차 례

Ⅰ. 언어와 문장

1. 언어란 무엇인가?

1) 언어의 정의

언어가 인간의 삶에 기여하는 역할은 막대하다. 인간은 하루라도 언어 없이는 살아가지 못한다. 우리의 삶이란 주변 사람들과의 관계 맺음에서 시작되는 것이고, 그러한 관계 맺음은 언어로 성취되기 때문이다.

따라서 언어는 단순히 표현의 욕구를 충족시키기 위한 생리현상에 그치는 것이 아니라 우리의 삶의 기본원리로 작용하는 것이다.

인간은 하루 평균 2만 3천 번 정도의 숨쉬기를 하고, 10만 번 정도의 맥박운동을 하고 있는 것으로 알려지고 있다. 이만한 정도의 빈도로 작용하는 생명활동은 언어생활에서도 발견할 수 있다. 사람들이 대화를 나눌 때 한 시간 평균 4~5천 단어를 쓰며, 라디오나 텔레비전 아나운서들은 평균 8~9천 단어를 사용하며 독서의 평균 속도는 시간당 1만 4~5천 단어라고 한다. 그러니까 하루 한 시간씩 대화를 하고 텔레비전을 시청하고, 독서를 한다면 적어도 3만 이상의 단어를 매일 사용한다는 것이다. 이러한 빈도는 인간이 숨을 쉬고 있으면서 그의 생물학적 생명을 유지하는 것처럼, 말을 함으로써 그의 정신적 생명을 유지한다는 사실을 암시하는 것이기도 하다. 이는 또한 인간의 물질적·정신적 창조활동은 그것이 어떠한 유형의 것이건 말을 통해, 말로써 이루어진다는 사실을 알려주는 것이기도 하다.

이러한 언어의 중요성은 역사적으로도 일찍부터 인식되어 언어를 정제하고, 민족 구성원 사이의 언어를 통일하려는 노력이 계속되어 왔다. 문자의 창조 및 개혁, 표준어의 제정, 표기법의 통일들은 그러한 노력의 구체적인 예들인 것이다. 성경에 나오는 바벨탑 이야기도 언어가 민족이나 국가의 결속에 얼마나 중요한 요소인가를 실증해 주는 예라고 할 수 있다. 기원전 5세기경에 역사학의 할아버지라고 불리우는 희랍의 헤라도토스(Herodotos)는 언어에 대한 다음과 같은 기록을 남기고 있다.

> 이집트 파라오 쌈메티쿠스(Psammetichus)는 세상에서 어떤 언어가 가장 오래된 말인지를 알고 싶어했다. 그래서 그 대왕은 갓 태어난 어린아이들을 그들이 말할 수 있을 때까지 사람들과 접하지 못하도록 격리시켰다. 그렇게 하면 그 어린아이들이 가장 원시적이고 자연적인 언어를 본능적으로 말할 수 있을 것으로 생각했다. 세월이 흐른 뒤에 그 아이들은 'bekos'라는 말을 발음하게 되었다. 이 'bekos'라는 말은 소아세아(Asia minor)에 있었던 프리지안어(Phrygian)인데 '빵'을 뜻하는 단어였다. 따라서 쌈메티쿠스 대왕은 인류 최초의 언어는 프리지아말이라고 결정하였다.

이 이야기는 재미있는 일화일 뿐 그 신빙성을 그대로 받아들일 수는 없으나 적어도 쌈메티쿠스 대왕의 생존시기인 기원전 7세기경에도 이미 언어에 대한 관심이 있었다는 증거는 될 수 있을 것이다.

언어에 대한 관심이 그렇게 오랜 역사를 지니고 있음에도 언어란 무엇인가라는 질문에 자명하면서도 간단한 정의를 내릴 수 있는 사람은 없다. 그것은 언어란 우리의 삶과 밀접한 연관을 맺고 있는 것이어서, 삶이란 무엇인가에 대한 자명한 답이 마련되지 못하는 것과 같다. 따라서 언어를 몇 마디로 정의하려는 노력은 삼가하고, 다만 이제까지 언급된 언어의 일반적인 몇 가지 특성에 대해서만 언급하기로 한다.

미국의 언어학자의 차알스 하케트(Charles Hockett)교수는 언어의 구성자질(Design features of language)을 다음의 몇 가지로 설명하고 있다.

(1) 이원성(duality)

인간의 언어는 소리의 체계와 의미의 체계가 분리·독립되어 있다는 것이다. 따라서 비슷한 소리가 전혀 다른 의미를 나타낼 수 있고, 다른 소리가 같은 의미를 나타낼 수도 있다. 영어의 「Knight」와 「night」는 발음이 같지만 「Knight」의 '-night'는 「밤」을 뜻하는 「night」와는 아무런 관련도 없다. 마찬가지로 국어의 「담배」라는 단어는 '울타리'라는 뜻의 「담」과 '선박'이라는 뜻의 「배」가 합쳐서 된 말이 아니다. 「얼굴」과 「안면」은 소리는 전혀 다르지만 그 뜻은 같다. 이러한 현상은 언어의 소리체계와 의미의 체계가 분리·독립되어 있기 때문이다.

(2) 창의성(creativity)

언어는 어휘의 수에 제한이 있기는 하나 필요한 때마다 새로운 어휘를 만들어 낼 수 있으며, 또 다른 어휘들의 배합으로 새로운 문장을 언제나 창조해 낼 수 있다. 가령 「폰팅」, 「옥떨메」, 「아더메치」 등과 「computer」, 「laser」, 「video」 등의 단어는 근래에 생긴 새로운 단어들이며, 다음과 같은 문장,

> 나는 숨쉬고 있는 보라색 코끼리를 조그맣게 접어서 냉장고에 넣어 보관하고 있다.

는 지금까지 누구도 사용해본 적이 없겠지만, 누군가가 사용할 수 있으며, 또한 그 사실을 믿을 수는 없겠지만 그 뜻은 알아들을 수 있을 것이다.

(3) 자의성(arbitrariness)

자의성이란 언어의 음성과 그 음성이 상징하는 개념 사이의 관계가 필연적이 아님을 뜻하는 것이다. 따라서 동일한 개념을 나타내는 소리가 언어마다 다른 것이다.

가령 「사람」이라는 단어를 예로 들어보자.

> 한국어 [sa:ram], 만주어 [nyalma], 몽고어 [xün], 토이기어 [adam], 일본어 [hito], 중국어 [jên], 영어 [mæn], 독어 [mɛnʃ] 등.

여기엔 어떠한 음성상의 공통점도 없으며, 따라서 '인간'이라는 개념을 나타내는 어떤 공통적인 소리의 특징을 발견할 수 없다. 만일 개념과 그것을 상징하는 음성 사이의 관계가 필연적이라면 세계의 언어는 동일한 것이어야 할 것이다.

개념과 음성 사이의 자의적 관계에 예외적인 것으로 흔히 의성어(onomatopoeia)를 예로 든다. 동물의 울음소리나 혹은 사물이나 자연의 소리를 흉내내는 '멍멍', '꼬끼요', '땡땡', '출렁출렁' 등이 그 예들이다. 그러나 이러한 어휘의 숫자는 극히 제한되어 있으며, 특히 이러한 소리들 조차 각 언어마다 상징하는 소리들이 다른 경우가 많다. 가령 닭들이 어떻게 우는가 보자.

한국어, 꼬끼요. 불어, cocorico. 일본어, kokkekokko.
영어, cochakdoodledoo. 독일어, kikeriki.

이 예들에서 의성어라 해도 음성의 상징에 불과한 것이지 실제의 소리와는 거리가 먼 것임을 알 수 있다.

(4) 교환성(interchangeability)

언어의 또 하나의 특성은 화자와 청자가 수시로 교환할 수 있다는 점이다. 즉, 동일한 통신자가 전어(message)의 발신자도 될 수 있고 수신자도 될 수 있다는 것이다. 따라서 인간은 어떤 하나의 주제를 놓고 토론하여 서로의 이해를 이루어 낼 수 있는 것이다.

(5) 전위(displacement)

우리의 언어는 '지금'과 '여기'를 떠나 과거와 미래, 또 가까운 곳과 먼 곳에서 일어났던 사실들을 말할 수 있으며, 심지어는 거짓말도 할 수 있다.

(6) 문화적 전달(cultural transmission)

언어는 유전적으로 전달되는 것이 아니라 문화적으로 전달된다는 것이다. 즉, 우리나라의 어린아이가 한국어를 배우는 것은 그 부모가 한국인이기 때문이 아니라 한국어 문화권에서 언어를 습득했기 때문인 것이다. 한국인 부모에게서 태어난 어린이라 해도 영어 문화권에서 성장하면서 영어를 배우게 마련이다. 즉, 어떤 언어를 습득하게 되는가 하는 것은 어떤 부모에게서 태어났는가 하는 것과 전혀 관계가 없다는 것이다.

이러한 언어의 구성자질들은 모든 언어가 공유하고 있는 일반적인 자질들이다. 그러고 이러한 일반적인 자질들은 각 언어마다 지니고 있는 각각의 특이한 체계적인 특성에 따라 그 언어 고유의 문법적 질서 속에 전제되어 있는 것이다. 즉, 어떤 언어건 앞서의 구성자질은 공통적인 것이나 언어마다의 체계는 다른 것일 수 있어, 각 언어마다 문법적 질서가 다를 수 있다는 것이다. 우리가 영어 사전에 수록된 영어단어들을 모두 외운다고 해서 영어를 유창하게 사용할 수는 없는 것이다. 이것은 영어의 문장구조가 국어의 문장과 그 구조가 같지 않기 때문이다.

언어마다 가지고 있는 체계성은 몇 가지 층위를 포함하고 있다. 언어를 구성하는 요소들이 다양한 층위로 이루어지기 때문이다. 보통 언어를 연구대상으로 하는 언어학에서는 이러한 층위에 따라 언어의 구성을 세 가지 측면에서 고찰한다. 곧 말소리를 연구하는 음운론(Phonology), 문장의 구성요소와 그 연결관계를 연구하는 통사론(syntax), 의미를 연구하는 의미론(semantics)이 그것이다. 따라서 각 언어마다 지니고 있는 체계성은 이 세 가지 층위 모두를 충족시킬 수 있는 것이어야 한다. 또한 언어는 이러한 체계성이 유지되고, 적법하게 운영될 때만 언어로서의 가치를 발휘하게 된다. 그리고 인간은 이러한 체계성을 완벽하게 습득할 수 있는 선천적인 능력을 지니고 태어난다.

2) 언어의 기능

인간을 흔히 사회적 동물이라고 한다. 이것은 인간의 사회생활이 동물들의 사회와는 다르다는 사실을 전제로 하고 있는 것이다. 그리고 이와 같이 동물들의 세계와는 다른 인간의 사회생활을 가능케 하는 핵심적 요소가 언어임을 앞에서도 언급한 바 있다. 언어가 사회생활의 핵심요소가 될 수 있는 것은 자기의 생각을 다른 사람들에게 전달할 수 있는 의사전달의 기능이 있기 때문이다.

인간의 사고행위 자체를 언어와 동일시하는 극단적인 주장까지 있다. 우리가 무엇을 기억한다고 하는 것은 언어화의 과정을 수반하는 것이며, 우리가 우리 주변의 사실들을 인식한다는 것도 언어화의 과정을 거치는 것이어서 "언어는 인간의 사고의 틀을 결정하며, 이와 같은 인간의 사고의 틀에 의해 인간은 존재세계를 인식한다"거나, "세계의 거울로서의 언어를 인간은 그저 사용할 뿐이다. 인간은 오직 이 세계의 거울로서의 언어를 가지고만 사고한다. 그러기에 언어의 한계는 바로 인간의 사고의 한계와 일치한다"는 언어상대성가설까지 대두되고 있는 것이다. 이와 같은 가설을 완벽하게 해명하기에는 아직 이르지만, 언어와 사고 사이의 관계가 상당히 밀접한 것임은 분명한 것이며, 인간의 생각들이란 언어를 통해서만 상대방에게 전달될 수 있다는 것 또한 명백한 것이다.

야콥슨(Roman Jacobson)에 따르면 이와 같은 의사전달행위가 있기 위해서는 여섯 가지의 요소가 있어야 하며, 이러한 여섯 가지 요소 중 어떤 요소가 강조되는가에 따라 의사전달의 여섯 가지 상이한 기능이 있다고 한다.

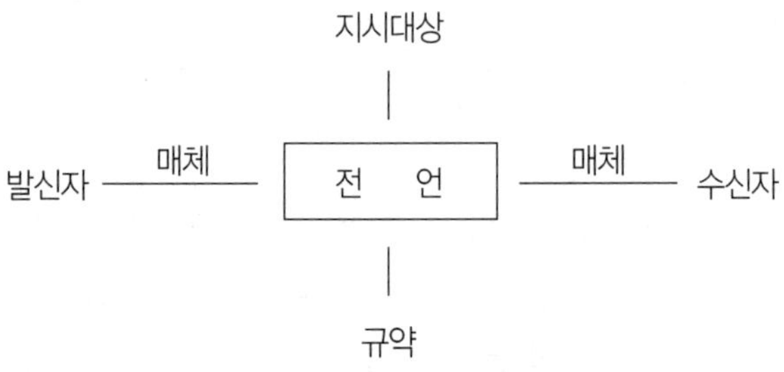

(1) 지시적 기능

지시적 기능은 모든 의사전달의 기초이다. 즉, 이것은 전언과 그것이 지시하는 대상과의 관계를 규정하는 것이다. 그 근본적인 문제는 지시 대상에 대해서 진실된, 다시 말해서 객관적으로 관찰할 수 있는 것이며, 검증이 가능한 정보를 표현한다고 하는 것이다.

이것은 논리학을 비롯한 제 과학의 목적이기도 하다. 이들 과학이란 기호와 사물 간에, 전언과 신호체계화된 실체 사이에 있을 수 있는 모든 혼동을 피하려는 것을 그 본질적 사명으로 하는 규약이다.

(2) 정서적 기능

정서적 기능으로 정의되어 있는 것은 전언과 발신자 사이의 관계이다. 언어에 의한 것이든, 또는 다른 어떤 의미작용의 수단을 사용하는 것이든 관계없이 하나의 의사전달을 행할 때에 우리들이 발신하는 것은 그 지시대상의 본성에 관한 여러 가지 관념을 표현하는 것이다(이것은 의사전달의 지시적 기능이다). 그러나 동시에 우리들은 그 대상에 대한 자신들의 태도 즉, 그 대상이 좋다던가 싫다던가, 아름답다거나 추하다거나, 좋아한다거나 싫어한다는, 혹은 훌륭하다거나 우스꽝스럽다는 것을 표현할 수가 있다.

그러나 감정과 성격, 혹은 사회적 성장과정 같은 것이 자연발생적으로 표명될 때 그 표명은 단순한 자연적 지표에 불과한 것이기 때문에 그러한 것들을 의사전달을 위해서 구태여 표현하는 경우와 혼동해서는 안 된다.

지시적 기능과 정서적 기능은 모든 의사전달의 기본이며, 상호 보완적이며, 또한 경합적이다. 따라서 사람들은 흔히 「언어의 이중기능」 즉, 한편의 인식적이며 객관적인 기능에 대해서, 또 한편의 감정적이며 주관적인 기능을 언급하곤 한다. 그들을 성립시키고 있는 규약화의 유형이 판이하게 다르다고 하는 것은 후자의 기능의 원천이 문제적 변이형과 내포적 의미작용의 가운데에 있기 때문이다.

과학적 신호체계의 목적은 이러한 변이형들과 내포적 가치들을 중화하는 것임에 반해 미적 신호체계는 이들을 현재화하고 발전시키려 한다.

(3) 욕구적 기능

욕구적 기능, 혹은 명령적 기능이라는 것은 전언과 수신자 사이의 관계를 규정하는 것이다. 모든 의사전달이란 수신자에게 반응을 일으킬 것을 그 목적으로 하는 것이다.

명령은 수신자의 지성에 요구하거나 정서적인 감성에 호소할 수 있는 것이며, 이 층위에서 지시적 기능과 정서적 기능을 대립시키는 것과 동일하게 객관적/주관적, 인식적/감정적 구별을 찾는 것이다. 그 목적이 공동의 행위를 조직화하는 모든 신호들이나 작업계획들(노동작업, 군사적 전술 등)은 첫번째 범주에 속한다. 그 기능의 목적이 수신자의 참여를 동원하려는 것인 사회적 신호체계나 미적 신호체계는 후자의 범주에 속하는 것이다. 후자의 기능은 광고의 발달에 따라서 극히 중요하게 되었다. 광고에 있어서 전언의 지시적 기능은 약화되는 반면에 기호 그 자체가 전면으로 나서게 된다. 그것은 반복에 의해서 수신자를 조건화하든가, 무의식적인 감정적 반응을 촉발하여 수신자에게 동기를 부여하려는 기호인 것이다.

(4) 시적 기능

시적 기능, 혹은 미적 기능이란 R.야콥슨이 전언의 전언 그 자체에 대한 관계라 정의한 것이다. 이것은 한층 뛰어난 미적 기능이다. 예술작품에 있어서 그 지시대상은 전언 그 자체이며, 이 경우 전언은 의사 전달의 도구로서 존재하기를 그치고, 그 대상으로 되는 것이다. 모든 예술과 문학이 창조하는 것은 전언=대상이다. 이것은 전언 그 자체가 대상인 것으로서, 그리고 그 대상은 그들을 대칭시키는 직접적 기호를 넘어서는 그 위의 것으로서 그들 스스로의 의미작용을 산출하고 있는 것이다. 따라서 그것은 어떤 특정한 기호학 영역, 즉 양식화, 기호작용, 부의 실체화, 상징적 표현 등의 기호체계에 속한다.

(5) 상황적 기능

상황적 기능은 의사전달을 확인하고, 지속시키거나 중단시키는 목적을 갖고 있다. R.야콥슨이 이 항목 아래 수집해서 구별하고 있는 기호는 다음의 것이다.

이 기능을 수행하는 중심점은 장음으로 발음한다거나, 의사전달 중의 삽입전달인 것으로서 그 회로가 정상적으로 기능을 발휘하고 있는가를 확인하고(“여보세요, 잘 들립니까?”), 상대방의 주의를 계속시키기 위한 것이거나 혹은 그의 주의가 지속되어 있는가를 확인하고("당신 듣고 계세요?"), 혹은 셰익스피어류의 "귀를 빌리시오!"라던가 전화 통화시 한 끝에서 내는 "네, 네"(수신자가 무의식적으로 반복해서 내는 소리)와 같은 것들이다. 이것은 접촉을 지향하는 것으로서 말리노프스키(Malinovsky)의 용어로, 상황적 기능이라고 하는 것은 의례화되어 버린 修人事를 수다하게 주고 받는다던지, 그저 이야기를 길게 끌고 가고자 하는 목적에서 주고 받는 대화 등에서 나타난다.

상황적 기능은 모든 종교적 의식에서 중요한 역할을 수행한다. 이와 같은 유형의 것들로는 의식, 엄숙한 제전, 무곡이 있고, 연설과 웅변이 있으며 가족들의 대화, 혹은 연인들의 정담이 있다. 이와 같은 대화에서 중요한 것은 의사전달의 내용이라기보다는 거기에 존재하고 있다는 사실이며, 그 집단에 속한 사람들과의 유대감을 돈독히 한다는 점이다. 같은 단어, 같은 몸짓이 반복된다. 같은 이야기가 몇 번이고 되풀이 된다. 때문에 그 의사전달은 대화 밖의 사람들에겐 우스꽝스런 것이어서 견딜 수 없는 것이 되겠지만 관계를 맺고 있는 참여자들에겐 행복감을 주게 된다. 그러나 일단 그 관계를 끊게 되면 즉시 견디기 어려운 것이 되고 만다.

상황적 전언의 지시대상은 의사전달 그 자체이다. 즉 時的 傳言의 지시대상이 전언 그 자체이며, 그리고 정서적 전언의 지시대상이 발신자인 것과 사정은 비슷한 것이다.

(6) 단어적(메타언어적) 기능

단어적(메타언어적) 기능의 목적은 수신자가 이해하지 못하는 어느 기호의 의미를 규정하는 것이다. 예를 들어 「의학적 용어로서의 징후학(Séméiologie)」에서와 같이 한 단어가 괄호 속에 묶이든가 그

의미를 좀더 분명하게 하기 위하여 설명을 가하든가 한다. 따라서 단어적 기능은 기호를 그 기호가 스스로의 의미작용을 추출하는 근원이 되어 있는 규약으로 환원토록 하는 것이다. 이 기능은 모든 예술에서 중요한 역할을 수행한다. 예컨대 「書寫文字(écriture)」는 규약을 표시하는 신호인 셈이다. 「민주주의」라는 단어는 그것이 사용되는 규약에 따라서 상이한 의미를 갖게 된다. 흡사하게 한 초상화를 그 스타일에 따라 낭만파, 사실주의파, 초현실주의파, 입체파 등 다른 해석을 유도하는 것과 같다.

전달수단(véhicule) 혹은 매체의 선택 또한, 단어적 기능에 유래하는 것이다. 그림의 액자와 책의 표지는 규약의 본성을 드러내는 신호표시이다. 예술작품의 표제가 나타내고 있는 지시대상도 그 전언의 내용이라기보다는 오히려 거기서 채용되고 있는 규약일 경우가 허다하다.

예술 전람회나 미술관의 전시벽면에 석탄용 삽이 전시되어 있다면 그 삽이 발휘하고 있는 의미작용은 미적인 것이고, 그리고 그 전언의 지시대상은 규약 그 자체인 것이다.

이상 우리는 여섯 가지 기능에 대해 살펴보았다. 그러나 기능들은 우리의 의사전달행위에서 중첩되어 나타나는 것이지 하나의 기능만으로 이루어지는 의사전달행위란 있을 수 없다. 다만, 전 텍스트의 성격에 따라 어느 한 두 가지의 기능이 두드러지게 나타날 수는 있다. 즉, 문학작품 같은 예술적인 텍스트일 경우 시적 기능이나 정서적 기능이 우세하게 나타날 것이며, 학술논문 같은 과학적인 텍스트일 경우 지시적 기능이나 단어적 기능이 두드러지게 나타날 것이다.

3) 언어의 습득

인간들이 언어를 사용한다는 것은 인간의 근본 특성 가운데 하나이며, 천부적인 능력이라고 생각하게 된 것은 최근의 일이다. 보통 언어습득은 어른들의 언어를 흉내내고 그것을 반복하고 연습함으로써 이루어진다고 믿어 왔다. 본래 음성 기관은 인간들이 생명을 유지하기 위한 음식 섭취기관으로 인식되었고 그것이 말을 하는데 사용된 것은 부차적 기능이라는 것이었다.

그러나 인간들이 말을 할 수 있다는 것은 마치 두 다리로 걷는다든지 음식을 씹어 먹는 것과 같이 중요한 행위임에 틀림없다. 가령 혀가 음식을 삼키거나 음식을 섞는데 쓰이는 도구라면 그것이 필요 이상으로 부드럽고 자유롭게 움직일 수 있는 상태를 가지고 있다는 것을 어떻게 설명할 수 있을까?

언어는 인간을 다른 동물과 구별하게 하는 중요한 요소이다. 이 천부적 언어 능력이 지식을 축적하고 그것을 밑바탕으로 고도의 문화를 창조하게 하는 원동력이 되었다는 측면에서 언어 습득은 단순한 모방에 의해서 이루어진 것이 아니고 천부적인 언어 습득 능력에 의한 것임을 증명할 수 있게 되었다. 그 증거는 대개 다음과 같다.

첫째, 완벽한 언어 습득은 인간에게서만 찾아볼 수 있는 현상이다. 즉, 부모에게서 태어나 일정한 기간이 지나면 어린이는 특별한 신체적 장애가 없는 한 첫 번째 접하는 언어를 완전히 습득하게 된다. 접하게 되는 언어가 꼭 한 가지로 국한되는 것도 아니다.

그러나 지적 능력이나 해부학적 조건에 있어서 사람들과는 완전히 동일하다고 볼 수 없지만, 상당한 유사점을 가지고 있는 침팬지의 경우 몇 가지의 표현 능력만을 습득하는데 그칠 뿐이다. 더군다나 간단한 도구를 사용할 수 있고 간단한 수학 문제를 풀 수도 있다는 침팬지가 본능적으로 겨우 몇몇 개의 표현 능력을 어미로부터 습득한다는 점은 인간의 완벽한 언어 습득이 모방에서가 아니라 천부적으로 그 습득능력을 가졌음을 증거하는 예가 될 수도 있다. 인간의 언어 습득이 모방과 완전히 무관하다고는 할 수 없을지 모르나 적어도 창조적 능력이 독자적으로 존재한다는 것은 부인할 수 없는 사실이다.

행동주의 심리학자들의 실험에 의하면 어린 침팬지를 인간의 어린이와 똑같은 조건에서 길렀는데도 사람과는 다르게 언어 습득이 불가능하다는 사실을 알게 되었다. 이와 같은 사실은, 곧 언어 습득이 지적인 능력의 정도 차이가 아니라 근본적으로 그것의 질적 차이에 의하여 좌우됨을 나타낸 것이다. 언어 습득은 인간이 가지고 있는 천부적 능력에 따른 것이지 단순한 모방이 아니다.

둘째, 특수한 신체장애자나 혹은 인간 사회와 완전히 격리되어 있는 사람이 아니라면 대체로 일정한 기간에 언어 습득이 완벽하게 이루어진다. 언어 습득이 이루어질 때 약간의 시간적 차이점이 있다는 것은 사실이나 비교적 일정한 기간에 일정한 정도의 언어 습득이 누구에게나 똑같이 이룩된다는 것은 바로 언어 습득이 모방에 의하여 이룩되는 것이 아니고 본래의 능력이 있다는 것을 의미하는 것이다.

가령, 육체적 혹은 지적인 기술은 개인의 능력에 따라 큰 차이가 생기지만 언어 학습에 있어서는 그 숙달 정도의 차이가 크게 다르다거나 어떤 부분의 습득이 전혀 불가능한 일이 없다. 모든 어린이들은 균등하게 언어를 습득한다. 이러한 언어 습득의 균일성은 육체적 조건이나 지적 능력의 차이를 뛰어 넘어 이룩되며 또 종족, 문화, 환경 등의 차이 여하를 막론하고 동일하게 나타남이 특징이다.

세째, 어린이들의 언어 학습은 거의 완벽하게 이루어진다. 보통 어린이들이 언어를 습득하게 될 때 그 습득 환경이 이상적이라고 할 수 없다. 즉, 우리가 외국어를 배울 때처럼 가장 기초적인 언어 내용에서부터 점점 어려운 것으로 발전한다던지 또 틀리기 쉽거나 복잡한 것은 체계적으로 정리해서 잘 배울 수 있게 한다는 등의 여건이 어린이가 언어를 배우기 시작할 때 마련되어 있지 못하다는 것이다. 실제로 우리는 어린이들이 언어 습득이 행하여지는 동안 그 환경을 조성하여 주기는 커녕 전혀 그 사실조차 인식하지 못한다. 따라서 어린이들의 언어 습득이 이루어지는 동안 그들이 실제로 언어 학습의 기초 자료로 이용하게 되는 예들이 잘못되었거나 틀린 예들이 많게 된다. 그럼에도 불구하고 어린이들은 말을 완전하게 배울 뿐만 아니라 그 정도의 차이가 없고 또 근본적으로 틀린 말은 전혀 사용하지 않게 된다.

가령, 기술이나 학습 활동 등에서 능력에 따라 큰 차이가 나는 것을 우리가 흔히 볼 수 있듯이 언어 습득이 인간에 따라 큰 차이가 나게 된다면 언어 습득의 결과는 천차만별의 양상을 띠게 될 것이다. 그러나 이 언어 습득이 균일하다는 것은 곧 그 능력이 누구에게나 천부적으로 존재한다는 것을 입증하는 실례라 할 수 있겠다.

넷째, 문법학이 발달되기 오래 전부터도 모든 문법학자들은 한 언어의 문법을 완벽하게 기술하고 설명하려고 노력해 왔다. 그럼에도 불구하고 이제까지 한 언어에 대한 완벽한 문법 기술은 이루어진 바 없다. 아무리 간단한 언어라 하더라도 그 언어가 가지고 있는 모든 내용이 완벽하게 정리 된다는 것은 이상에 지나지 않는다. 그만큼 언어는 복잡하고 추상적인데 어린이들이 언어의 모든 체계를 완벽하게 습득한다는 것은 천부적 언어 습득 능력이 있다는 것을 증명하는 산 증거라 할 수 있다.

가장 쉽게 발음할 수 있는 음성에서부터 가장 어려운 음성으로, 가장 초보적이고 기초가 되는 통사 구조에서부터 비유적인 의미까지 대체로 어린이들의 언어 습득이 체계적으로 이루어진다는 것도 결국 언어 습득은 단순한 모방이나 반복에 따른 결과가 아니라 인간이라면 누구나 그것을 습득할 수 있는 천부의 능력을 가지고 있음을 증명하는 예들이라 하겠다. 인간이 참으로 인간다운 인간이 되기 위해서는 반드시 언어를 사용해야 한다는 것은 바로 언어를 통해서만 인간의 참모습을 확인할 수 있다는 점을 보여주는 것이라 하겠다.

2. 문장의 구성

1) 문장이란?

문장(文章)에는 여러 가지 뜻이 있지만 여기서는 글, 글월, 문(文), 월이라고도 불리는 '주어와 서술어(설명어)를 갖추어 뭉뚱그려진 한 사상을 나타낸 말'을 지칭키로 한다. 즉 영어의 sentence에 해당하는 말이다.

'주어와 서술어를 갖추어 뭉뚱그려진 한 사상을 나타낸 말'로 정의된 문장의 사전적 의미는 문장의 개념을 완전무결하게 파헤친 것은 못된다. 문장의 의미는 한 마디로 정의할 수 없는 복잡한 것이기 때문이다. O.Jespersen은 문장을 다음과 같이 정의하고 있다. '문장은(비교적) 완전하고 독립된 의사전달의 한 단위이다'(A sentence is a(relatively) complete and independent unit of communication) 또한 Bloomfield는 다음과 같이 문장을 정의했다. '문장이란 주어진 발화(發話)에서 어느 보다 더 큰 구조의 부분이 될 수 없는 한 구조(형식)이다'(A sentence is a construction(or form) which, in the given utterance, is not part of any larger construction).

이들 문장의 정의에서도 앞에서 언급한 '뭉뚱그려진 한 사상을 나타낸다'는 의미를 엿볼 수 있다. 문장이란 결국 한 사상 즉 의사를 담고 있어야 한다는 데는 별 이의를 달 수 없을 것이다. 하나의 사상을 뭉뚱그려 나타낸다고 하는 것은 어느 한 단어가 가지고 있는 개념과는 다른 것이다. 한 단어가 가지고 있는 어떤 개념은 단순한 개념이지 뭉뚱그려진 하나의 사상은 아니다. 아울러 문장은 형식면에서 볼 때 하나의 단위가 된다. 단위란 독립성이 있어야 하며 어느 한 범주에서 최소의 것이어야 한다. 문장은 사상을 나타내는 것 가운데 최소의 것이어야 한다. 예를 들면 한국의 역사를 기술한 한 권의 책을 이루는 글도 앞에서 제시한 바 있는 주어와 서술어를 갖춘 뭉뚱그려진 한 사상을 나타내는 문장들이 모여서 된 것이다. 그러므로 문장은 의사전달의 한 단위가 되는 것이다.

사상을 나타내려면 몇 개의 단어를 가지고 이를 잘 배열해야만 한다. 단어를 아무렇게나 벌려 놓으면 문장이 될 수 없다. 그래서 문장을 한 구조(형식)라 한 것이다. 문장에는 그 나름대로 법칙이 있다. 즉, 문장은 문법적이어야 한다. 달리 말하면 문장은 문법적 분석이 가능한 단위이다. 이 문장형성에 관해 연구하는 학문이 곧 통사론(syntax)이다.

문장을 구성하는 데는 몇 가지 요건이 필요하다. 그 첫째는 선택의 문제다.

(1) 그 사람이 웃었다.

(2) *그 학교가 웃었다.(*는 비문법적인 것을 표시하는 부호임)

'웃다'라는 동사는 유생성(有生性+animate)명사인 주어와만 공기(共起)된다. 다시 말하면 '웃다'라는 동사에는 유생성이라고 하는 선택 특성을 가지고 있어서 '웃다'를 서술어로 하는 주어는 유생성 명사만 선택되어야 한다. '학교'는 유생성 명사가 아니므로 '웃다'의 주어로 선택될 수 없다. 그러므로 문장 (2)는 비문법적이다. 선택은 다시 문법적 선택과 어휘적 선택으로 나뉘는데 문법적 선택을 이 : 저, 어디 : 무엇, 유생성 : 무생성, 존칭 : 비칭, 피동 : 능동, 과거시제 : 미래시제, 단수 : 복수……, 등에서 어느 것을 선택하느냐로 귀결되며 어휘적 선택은 옷 : 의복 : 의상, 가옥 : 집 : 건물 : 빌딩 등 유사 관련어의 집합 중에서 어느 하나를 선택하는 것으로 귀결된다.

둘째는 어순의 문제다.

(3) 많은 사람이 뛴다.
(4) *사람이 많은 뛴다.

국어에서 관형어는 반드시 그가 수식하는 체언 앞에 와야만 한다. 그러므로 예문 (4)는 비문법적 문장이다.

(5) 아이가 잘 잔다.
(6) *아이가 잔다 잘

부사어는 원칙적으로 그가 꾸미는 용언 앞에 와야 한다. 예문 (6)은 비문법적 문장이다.

(7) 아아! 닭이 밝구나
(8) *달이 밝구나 아아!

독립어는 문장의 맨 앞에 와야만 한다. 그러므로 이 어순을 지키지 않은 예문 (8)은 비문법적 문장이다. 결국 이러한 관점으로 국어를 관찰하면 국어 문장의 어순은 대체로 다음과 같이 요약될 수 있을 것이다.

가. 서술어는 문장의 맨 뒤에 온다.

나. 관형어는 그가 꾸미고 있는 체언 앞에 온다.

다. 부사어는 원칙적으로 그가 꾸미고 있는 용언이나 부사 앞에 온다.

라. 목적어와 보어는 주어 뒤에, 서술어 앞에 온다.

마. 독립어는 문장의 맨 앞에 오며 접속어는 단어와 단어, 문장과 문장 사이에 온다.

세째는 음조의 문제다. 음조 내지 어조가 통사적 구성의 중요한 요건 중에 하나가 된다. 음조의 통상적 기능은 문장 가운데와 문장 끝에 나타나는데 전자를 문중음조, 후자를 문말음조라 한다. 문중음조는 문장의 내부에서의 휴지(休止, pause), 연접(連接, juncture) 등을 말하고, 문말음조는 구말곡선(句末曲線, terminal contour)을 말한다. 연접이란 발화의 내부에서 한 음에서 다른 음으로 이행하는 음의 이행방식을 말하는데 한 형태소 내부에서의 음의 이행은 평상이행이라 하고, 어기(語基)에 토가 붙거나 복합어에서처럼 두 형태소 사이를 띄지 않고 연결하여 발음하는 것을 폐쇄연접(close juncture)이라 하며, 단어와 단어를 이어 발음하지 않고 좀 띄어 발음하는 것을 개방연접(open juncture)이라 한다. 단어와 단어 사이를 아주 띄어서 휴지를 만들기도 하는데 개방연접과 휴지를 어디에 두느냐에 따라 문장의 의미가 달라지게 된다.

(9) 영수가 방을 정리한다.

(10) 영수 가방을 정리한다.

(11) 늙은 신사와 부인

예문 (9)와 (10)은 개방연접의 위치에 따라 문장의 의미가 달라졌으며, (11)은 개방연접과 장휴지의 위치에 따라 두 가지 의미를 가지게 된다. 즉, '늙은' 다음에 장휴지가 오고 '신사와'와 '부인' 사이에 개방 연접이 오면 '늙은'은 '신사'와 '부인'을 모두 꾸미게 되며, '늙은'과 '신사와' 사이에 개방연접이 오고 '신사와' 다음에 장휴지가 오면 '늙은'은 '신사'만 꾸미게 된다. 문말음조는 문말의 고저굴곡으로 문장의 서법양식을 나타낸다. 문말 고저굴곡에는 상승, 하강, 평탄, 단전 등이 있는데 이들은 각각 의문, 평서, 원망, 명령을 나타낸다.

2) 국어의 기본문형

문장을 구성하는 성분으로 주어, 서술어, 목적어, 보어, 관형어, 부사, 독립어를 들 수 있는데 이 중에 주어, 서술어, 목적어, 보어는 문장을 구성하는데 필수적인 근간 요소가 되며 나머지 것은 임의적인 수식 요소가 된다. 국어의 기본문형은 필수적인 근간 요소로 구성되는 문장을 말하는데 다음과 같은 문형들이 있다.

가. 제 1형 : 주어+서술어(말이 뛴다)
나. 제 2형 : 주어+목적어+서술어(그는 사과를 딴다)
다. 제 3형 : 주어+보어+서술어(이것은 나무가 아니다)
라. 제 4형 : 주어+목적어+보어+서술어(나는 그를 친구로 삼았다)

아무리 복잡한 문장이라도 그것은 이 기본문형에서 변형된 것이라 하겠다. 때로는 수식어가 첨가되기도 하고 때로는 근간 요소 중에 어떤 것이 생략되기도 하면서 다양한 문장 형태가 나타나게 된다.

(12) 아주 예쁜 꽃들이 무척 많이 피었다.
(13) 그는 아주 좋은 집을 샀다.
(14) 끝이 뾰족한 나뭇잎이 많이 달렸다.

예문 (12)는 제 1형에 수식어들이 첨가되어 문장이 좀 길어졌으며, 예문 (13)은 제 2형에 수식어가 첨가되어 문장이 길어졌다. 예문 (14)는 제 1형에 관형절이 첨가된 것이다.

의미의 중의성을 띄는 문장도 실은 심층구조에서의 기본문형의 중복형이다.

(15) 얼굴이 예쁜 누이동생의 친구를 만났다.

예문 (15)는 글로 써 놓으면 두 가지 의미로 해석된다. 즉 하나는 '누의동생'의 얼굴이 예쁘다는 뜻이 되고, 다른 하나는 '누의동생의 친구' 얼굴이 예쁘다는 뜻도 된다. 물론 구어(口語)에서는 앞에서 다룬 휴지, 연접 등으로 의미를 구별할 수 있지만 글로 써 놓으면 중의성을 띄게 된다. 문장 (15)는 다음의 문장 (16)과 (17)이 각각 여러 변형과정을 거쳐 이루어진 것이다.

(16) 누의동생은 얼굴이 예쁘다. 나는 누의동생의 친구를 만났다.
(17) 누의동생의 친구는 얼굴이 예쁘다. 나는 누의동생의 친구를 만났다.

문장의 근간 요소로 구성되는 기본문형은 언중이 늘 쓰는 일반적인 문장을 토대로 추출해 낸 것이다. 그러나 한 사상을 뭉뚱그려 나타낸 단위로, 때로는 하나의 단어나, 또는 근간 요소가 제대로 구비되지 못한 몇 개의 단어의 나열을 들기도 한다. 이에는 감탄, 응답에 쓰이는 격언 등을 들 수 있다.

(18) ㄱ. 아!.
ㄴ. 불이야!

(19) ㄱ. 예.
ㄴ. 아니.
ㄷ. 정말?

(20) ㄱ. 금강산도 식후경.
ㄴ. 이왕이면 다홍치마.

(18), (19), (20)은 주어, 술어의 관계조차 이루어지지 않았으나 '하나의 사상을 뭉뚱그려' 나타내고 있다. 그래서 이것을 하나의 문장으로 보려는 견해가 있는 것이다. 위에 제시한 일반적인 문장에 대하여 이들을 희소형 또는 단형문이라 부르기도 한다. 이들에 대하여 일반적인 문장은 장형문 또는 완전문이라 할 수 있다. 단형문은 장형문에서 여러 근간 요소들이 생략된 것이라는 견해도 있을 수 있으므로 일반적으로 국어의 기본문형은 결국 위에 제시한 네 가지 문형으로 귀결되고 있다.

3) 문장의 양상

기본문의 양상이란 통사적 구성형에는 변동이 없고 다만 문장의 양태적 변화를 가져오는 통사적 특징을 말한다. 같은 내용과 동일한 구성형의 문장이라도 화자(話者)의 의도에 따라 그 표현양식이 달라진다. 서술양상은 화자의 주체적 표현양식으로 판단, 의문, 감흥, 욕구 등을 표현하는 서법과 화자와 청자(聽者) 및 말의 소재로 등장하는 제삼자와의 사이의 인간관계를 나타내는 대우법, 서술대상의 존재형식인 시간성과 공간성을 규제하는 시제법 등으로 나타난다. 그런데 국어의 현실적인 문장의 서술양상은 반드시 서법과 대우법 중 화자와 청자와의 관계에서 성립되는 존비법 및 시제법이 동시에 나타나는데 이는 종결 서술의 필수적 양상이다.

서법(敍法)은 서술대상에 대한 화자의 심적 태도로 문장의 끝에 오는 서술어에 나타나며 그 양식은 다음 다섯 가지로 분류된다.

가. 평서법 : 새가 난다.
나. 의문법 : 바람이 부냐?
다. 감탄법 : 비가 오는구나!
라. 명령법 : (너는) 가거라.
마. 청유법 : (우리는) 놀자.

이와 같이 서법 변화는 서술어의 종결어미가 그 기능을 담당하고 있다. 그러므로 이 서법을 나타내는 종결어미를 서법표지라 하는데 서법표지는 서로 상보적 분포를 이루고 있어서 어느 한 가지만 선택되어 문장에 나타나고 있다.

존비법은 화자와 청자와의 신분관계에서 성립되는 표현양식으로 다음과 같이 분류된다.

가. 해라체 : 일한다(평서), 일하냐(의문), 일해라(명령), 일하는구나 (감탄), 일하자(청유)
나. 하게체 : 일하네(평서), 일하나(의문), 일하게(명령), 일하네그려 (감탄), 일하세(청유)
다. 반말체 : 일해(평서), 일해(의문), 일해(명령), 일하는구먼(감탄), 일해(청유)
라. 하오체 : 일하고(평서), 일하오(의문), 일하오(명령), 일하는구려

(감탄), 일하지요(청유)

마. 습니다체 : 일합니다(평서), 일합니까(의문), 일하시오(명령), 일합니다그려(감탄), 일합시다(청유)

존비법은 이처럼 서법과 동반하여 나타나고 있다. 경우에 따라서 이 존비법을 이보다 더 세분할 수도 있을 것이다. 위에 예시한 용례 중 습니다체와 감탄형 '일합니다그려'는 어감상 이제는 적당한 표현이 못되는 것 같다.

존대법은 화자인 '나'와 표현대상과의 신분관계에서 성립하는 표현 질서를 규제하는 서술양식으로 선어말어미(先語末語尾) '－시－', '－옵－', '－사옵－', '－자옵－' 등으로 표현된다. '－시－'는 표현대상을 높이는데 쓰이는 존칭형태소이며 '－옵－', '－사옵－', '－자옵－'은 화자를 낮추는 겸양 형태소이다.

(21) 아버님이 오신다.(－시－)
(22) 선생님께 글월을 올리옵고.(－옵－)
(23) 할아버님의 글월을 읽사옵다가(－사옵－)
할아버님의 글월을 받자옵고(－자옵－)

예문 (21)은 아버님을 높이기 위해서 존칭형태소 '－시－'가 쓰이었고, 예문 (22)은 화자를 낮추기 위하여 겸양형태소 '－옵－'이 쓰이었으며, 예문 (23)에서는 역시 화자를 낮추기 위해 겸양형태소 '－사옵－', '－자옵－'이 쓰이었다. 때로는 '－시－'와 '－옵－'이 합해져 '－시옵－'이 존칭을 나타내는데 쓰이기도 한다.

시제는 표현대상의 존재형식을 시간관계로 규제하는 서술형식의 하나로 서술의 시간 구분은 과거, 현재, 미래로 삼분되며, 과거는 다시 과거의 한 시점을 기준으로 해서 전과거와 후과거로 나눈다. 근래에는 국어의 시제를 시상(時相,aspect)으로 보려는 경향도 많아

졌다. 시제가 어떤 일의 시간적 소재를 나타내는데 반하여 시상은 어떤 일의 시간적 분포나 윤곽을 나타내는 것이다. 다시 말하면 시제는 어떤 동작이나 사건이 시간의 흐름 속에서 발화의 시점을 기점으로 하여 그 앞이나 뒤 어느 점에 소재하느냐를 말하는데 대하여, 시상은 어떤 동작이나 사건의 시간적 양태 또는 시간적 분포가 어떠한 양태로 전개되어 있는가를 보여준다. 시제는 본질적으로 시상과 같은 범주가 아니지만 실제적으로 사고표현상 시제 안에 시상의 개념을 내포하고 있으므로 한 시제 형태소는 시제와 시상을 동시에 나타내고 있다.

이는 시제를 바탕으로 시상이 형성되어 있음을 말하는 것이다. 이들은 각각 다른 개념범주를 가지고 있으며 이원적으로 설명되어야 한다. 일례로 '-겠-'은 시제로는 미래를 나타내며, 시상으로는 가능, 추량을 나타내는 형태소가 된다. 용언 어간에 연결되는 시제 형태소 '-ㄴ/는-', '-었-', '-겠-' 등을 중심으로 시제와 시상을 표로 보이면 다음과 같다

시제형태소	-었었-	-었-	-었겠-	-ㄴ/는-	-겠-
시간영역 (시제)	전과거	과거	후과거	현재	미래
시상	과거완료상 (단속상)	완료상	완료추정상	계속상	추정상

형용사는 현재시제형태소 '-ㄴ/는-'을 사용하지 않는다.

현재시제는 현재 눈 앞에 일어나고 있는 사실은 물론 반복적인 동작이나 일반적 진리 및 분명한 사실 등을 나타낸다. 시상으로는 계속상이 된다.

과거시제는 과거의 행동이나 사실을 나타내며 시상으로는 완료상

이 된다. 이 과거 시제는 시간부사와 호응하여 구체적으로 시간을 표시할 수도 있다.

(24) 그는 두 달 전에 갔다.
(25) 그는 어제 갔다.
(26) 그는 이제 방금 갔다.

전과거는 과거 기점을 중심으로 그 앞부분에 해당하는 과거의 과거 즉, 대과거를 가리키며 과거 이전에 끝난 행동이나 상태를 가리킨다. 시상으로는 과거완료 혹은 단속상(斷續相)이 된다.

후과거 시제는 과거기점에서 뒤의 부분에 해당하는 과거의 미래로서 어떤 동작이나 상태가 끝이 났을 것을 추량하며 시상으로는 완료추정상이 된다. 다른 시제와 마찬가지로 시간부사와 호응하여 시간영역의 시점이 달라지기도 한다.

(27) 그 일이 그제쯤 끝났겠다.
(28) 그 일이 지금쯤 끝났겠다.

미래시제는 장차 일어날 동작이나 상태를 나타내며 추정이나 가능 및 의지를 나타내기도 하며 시상으로는 추정상이 된다.

어떤 시제든지 시간부사와 호응하여 시간영역이 구체적으로 명시될 수 있다. 그래서 시제는 본래 시간부사에서 도출되어 형성된다는 견해도 나오고 있다.

회상법은 과거의 경험을 과거의 시점에서 표현하는 특수한 시상 표현이다. 이 회상법은 과거의 사실에 불과한 것이며 서술의 시간적 규제가 될 수 없기 때문에 시제법 범주에는 들지 않는다. 과거의 경험을 기점으로 회상형태소 '-더-'가 쓰이며 그 과거 경험 기점을 전후로 전과거회상과 후과거회상으로 나눌 수 있다.

회상형태소	-었던-	-더-	-겠더-
시간영역	전과거회상	과거	후과거회상
시상	완료회상	회상	추정회상

전과거회상은 이미 끝났던 일의 경험을 돌이켜 보면서 서술하는 시간표현으로 완료회상이 되며, 후과거회상은 과거의 상황으로 미정적, 추정적 사실을 표현하는 것으로 추정회상이 된다.

(29) 교실에 가 보았으나 이미 강의가 다 끝났더라.(전과거회상)
(30) 그 회의에는 네가 꼭 필요하겠더라.(후과거회상)

진행법은 행동이나 동작의 지속을 나타내기 위하여 쓰이는 시간표현으로 진행상을 나타낸다. 진행형은 '-고있-'으로 표현되는데 일정시에 있어서 진행, 계속 중의 동작이나 상태를 나타낸다. 단순현재형은 비계속적인 순간적인 현재를 나타내는 반면 진행형은 한정된 계속을 나타내고 있다.

(31) 그는 신문을 보고 있다.
(32) 그는 신문을 보고 있었다.
(33) 그는 신문을 보고 있었었다.
(34) 그는 신문을 보고 있었겠다.
(35) ㄱ. 그는 신문을 보고 있겠다.
ㄴ. 나는 신문을 보고 있겠다.

예문 (31)은 현재진행형으로 현재지속상을 나타내고 있으며, 예문 (32)는 과거진행형으로 완료지속상을 나타내고 있다. 예문 (33)은 전과거진행형으로 이론상으로는 가능한 문장이지만 실제로는 과거진행형에 흡수되고 있다. (34)는 후과거진행형으로 완료추정지속상을 나타내고 있다. (35) ㄱ은 미래진행형으로 행동주인 '그'가 신문을 보고 있을 것이라는 한정된 지속을 추정하는 문장이며, (35) ㄴ은 역시 미래진행형으로 화자인 '내'가 신문을 보는 행위를 앞으로 지속하겠다는 의지를 나타낸 문장이다. 그러므로 전자는 추정지속상을, 후자는 의지지속상을 나타내고 있다.

3. 문장의 확장

1) 수식어의 첨가

기본문형에 수식어가 첨가되어 문장이 길어질 수가 있다. 수식어에는 체언을 꾸미는 관형어와 용언 및 부사 또는 관형사를 꾸미는 부사어가 있다. 먼저 관형어에 대하여 살펴보자.

(1) 꽃이 피었다.
(2) 아름다운 꽃이 피었다.

예문 (1)은 주어와 서술어만으로 된 기본문형이다. 이 기본문형은 '아름다운'이란 관형어가 꽃을 꾸미기 위해 첨가되어 문장 (2)가 되었다. 체언을 수식하는 관형어는 몇 개가 더 첨가될 수도 있다.

(3) 아름다운 노란 꽃이 피었다.
(4) 아름다운 노란 큰 꽃이 피었다.

예문 (3)과 (4)는 체언 '꽃' 앞에 수식어가 둘, 셋 첨가된 문장이다.

이처럼 기본문형은 관형어가 첨가되어 그 문장이 확장될 수 있다. 관형어는 체언 앞에 첨가되어 체언의 의미를 보다 구체적으로 명확하게 나타내는데, 이 관형어는 주로 관형사, 명사+의, 동사나 형용사 또는 계사 '이'에 관형사형 어미가 연결되어 이루어진다. 관형어가 문자의 근간 요소가 아닌 임의의 수식성분이긴 하지만 일단 이것이 첨가되어 확장된 문장에서는 이 관형어를 마구 삭제할 수 없게 된다. 근간 요소가 아닌 수식성분도 그것이 첨가되어 '한 사상을 뭉뚱그려' 나타냈기 때문에 이를 임의로 삭제할 때 의미가 달라지게 된다. 근간 요소가 문장을 구성하는데 필수적이라 뜻은 임의의 성분인 수식어를 문장에서 마구 삭제해도 괜찮다는 의미는 아니기 때문이다.

(5) 나는 흰 꽃을 싫어한다.
(6) 나는 꽃을 싫어한다.

예문 (5)에서 수식어 '흰'을 삭제하면 문장 (6)이 되고 마는데 (5)와 (6)은 의미가 전연 다르다. 그러나 예문 (5)에서 수식어 '흰'이 삭제된 문장 (6)은 구성상 하자가 없는 문장이다. 근간 요소가 아닌 수식성분을 이러한 차원에서 받아들여야 한다.

수식어 가운데 주로 용언을 꾸미는 수식어를 부사어라 하는데 이 부사어는 관형사와 부사를 꾸미기도 한다. 이 부사어가 첨가되어 문장이 확장된다.

(7) 꽃이 피었다.
(8) 꽃이 많이 피었다.
(9) 꽃이 아주 많이 피었다.

예문 (7)은 주어와 서술어 만으로 구성되어 있는 기본문인데 이 기본문에 부사어가 하나, 둘이 첨가 되어 문장 (8)과 (9)를 만들었다. 문장이 확장된 것이다. 이 부사어도 관형어와 마찬가지로 문장의 근간 요소는 아니지만 임의로 삭제하면 의미가 달라진다. 물론 이 부사어를 삭제해도 문장이 성립됨은 앞의 관형어의 경우와 꼭 같다. 부사어는 때로는 뒤에 오는 문장 전체를 꾸밀 때도 있다.

(10) 뻔뻔스럽게도 그는 반장을 또 하려 한다.

예문 (10)에서 '뻔뻔스럽게도'는 그 뒤에 오는 문장 전체를 꾸미고 있다.

몇 개의 관형어와 부사어가 뒤에 오는 말을 꾸밀 경우 구성방식은 일률적이 아니다.

(11) 아주 예쁜 소녀가 온다.
(12) 나의 사랑하는 친구가 온다.

예문 (11)과 (12)의 수식 형태는 각각 (13)과 (14)가 된다.

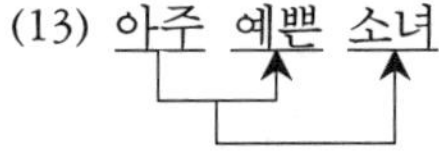

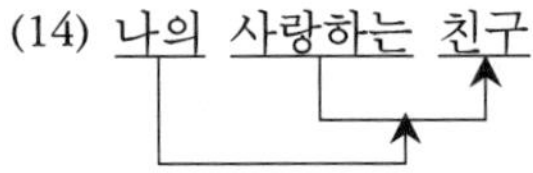

(13)과 같은 수식 구성을 연쇄적 수식 구성이라 하며, (14)와 같은 수식 구성을 방사적 수식 구성이라 한다. 즉 앞에 있는 수식어가 바로 다음에 오는 수식어를 꾸미고 그들이 하나의 수식성분처럼 되어 그 다음에 오는 피수식어를 꾸밀 때 이를 연쇄적 수식 구성이라 하며 수식어들이 그들의 궁극의 피수식어와 각각 직접적인 성분 관계

에 놓일 때 이를 방사적 수식 구성이라 한다.

관형어나 부사어는 원칙적으로 그들이 수식하는 말 앞에 와야 한다. 그러나 부사어는 경우에 따라 그 위치가 이동될 수도 있다.

(15) 꽃이 아름답게 피었다.

문장 (15)에서 '아름답게'를 문장의 맨 앞으로 이동할 수도 있고 문장의 맨 뒤로 이동할 수도 있다. 이 경우 의미에는 큰 변화가 없으나 어감은 다르게 된다.

수식어의 첨가와 문장의 근간 요소의 수와는 무관하다. 즉 아무리 길게 수식어가 첨가되더라도 주어와 서술어의 관계가 한번 밖에 이루어지지 않은 단문은 단문 그대로 있게 마련이다.

2) 복문 구성

문장의 기본문형은 앞에서 살펴보았는데 기본문형 어느 것이든지 주어와 서술어는 반드시 들어 있다. 목적어와 보어는 그것이 꼭 있어야 하는 문형에서만 필수적이다. 주어와 서술어의 관계가 한 번만 이루어진 문장을 우리는 단문이라 하는데 때로는 이 단문들이 몇 개씩 복합되어 '하나의 뭉뚱그려진 사상'을 나타내기도 한다. 이처럼 어느 형태로든지 단문이 복합된 문장을 복문이라 한다. 단문은 곧 기본문을 의미하는데 이 기본문이 복합하여 문장을 확장시키는 유형에는 세 가지가 있다. 우리가 흔히 중문(重文)이라고도 하는 등위복문(等位複文)과 연합문(連合文)이라고도 하는 종위복문(從位複文) 및 포유문(包有文)이라고도 하는 성분복문(成分複文)이 그것이다.

(1) 등위복문

등위복문은 기본문을 반복하여 만드는 복합문이다. 주술관계의 절들이 형식상 대등한 병렬관계로 이어지는데 이 때 쓰이는 어미는 '–고', '–며' 등이다.

(16) 산은 높고, 물은 깊다.
(17) 하늘은 푸르고, 산은 높고, 물은 깊다.
(18) 봄이 오면 꽃이 피고, 가을이 오면 서리가 내린다.

예문 (16)은 대등절과 대등절로 구성된 단순등위복문이며, 예문 (17)은 대등절이 셋이 모여서 된 단순등위복문이다. 그 수가 몇 개가 되든지 대등절로만 구성된 복문은 단순등위복문이다.

예문 (18)은 (종속절+주절)+(종속절+주절)과 같이 구성되어 있는데 앞에 있는 종위복문과 뒤에 있는 종위복문이 대등관계로 이어져 있는 이러한 복문은 혼성등위복문이 된다.

(19) 토끼는 앞발이 짧고, 기린은 목이 길다.

예문 (19)의 앞에 있는 대등절은 후술할 성분복문이다. 즉 서술절을 가진 포유문이다. 뒤에 오는 대등절도 역시 서술절을 가진 성분복문이다. 결국 예문 (19)는 성분복문 둘이 대등절의 자격으로 이어져 있으므로 이것도 혼성등위복문이 된다.

두 문장이 복합될 때 문장 구성의 동일한 요소는 되풀이 되지 않고 하나는 생략된다.

(20) 나와 동생은 학생이다.
(21) 그는 점심을 먹고 낮잠을 잔다.

예문 (20)은 '나는 학생이다'와 '동생은 학생이다'가 복합된 문장인데 이 때 동일 요소인 '학생이다'가 하나 생략되었다. 예문 (21)은 '그는 점심을 먹는다'와 '그는 낮잠을 잔다'가 복합된 문장인데 이 때 동일 요소인 '그는'이 하나 생략되었다.

등위복문을 만들 때 중요한 사실은 복합되는 두 문장의 내용이 동질적이어야 한다는 것이다.

(22) 생물은 숨을 쉬고, 나는 학생이다.

(23) 나는 슬프고 운다.

예문 (22)는 앞의 절과 뒤의 절이 전혀 다른 성격의 절인데도 '－고'로 연결되어 있기 때문에 성립이 될 수 없는 비문법적 문장이며, 예문 (23)은 '슬프다'와 '울다'가 각각 형용사와 동사인데 이들이 역시 '－고'로 연결되어 있어 비문법적 문장이 되었다.

(2) 종위복문(연합문)

종위복문도 기본문을 반복하여 문장이 확장된 복문이다. 종위복문은 주술관계를 가지고 있는 절들이 주종의 관계로 이루어진 복문이다. 즉 종속절과 주절이 합하여 이루어진 복문이다. 종속절은 이유, 가정, 어떤 사실의 전제조건 등을 제시하고 주절은 이를 이어받아 말하고자 하는 의도를 담아 문장의 주된 구실을 한다. 종속절은 '－니', '－면' 등의 연결어미를 취하여 주절에 이어진다.

(24) 날씨가 추우면 얼음이 언다.

(25) 꽃이 피어도 향기가 없으면 벌이 오지 않는다.

(26) 산도 좋고 물도 좋지만 인심이 더욱 좋다.

(27) 가을이 오면 단풍도 들고 열매도 익는다.

예문 (24)는 종속절과 주절로 이루어진 단순종위복문이며, 예문 (25)는 (종속절+주절)+주절의 구성인 혼성종위복문이다. 예문 (26)은 (대등절+대등절)+주절의 구성인 혼성종위복문이며, 예문 (27)은 종속절의 구성인 혼성종위복문이며, 예문 (27)은 종속절+(대등절+대등절)로 구성된 혼성종위복문이다.

(3) 성분복문(포유문)

주술관계의 구성체가 문장의 한 성분 구실을 하는 문장을 성분복문 또는 포유문이라 한다. 주술관계의 구성체는 주어절, 서술절, 관형절, 부사절, 목적어절, 보어절 등으로 나타난다.

① 주어절

주술관계의 구성체 즉 하나의 문장이 주어진 역할을 하게 하기 위해서는 그것이 명사절로 바뀌어야 한다.

(28) 누님이 돈을 보내기가 쉽지 않을텐데.
(29) 그가 돈을 보냈음이 이제 밝혀졌다.

한 문장이 명사절로 바뀌기 위해서는 그 문장의 종결어미가 명사형 어미 '-음'이나 '-기'로 대체되는 것이 일반적이다. 예문 (28)과 (29)는 '보내다'와 '보냈다'가 각각 '보내기', '보냈음'으로 바뀌어 명사절이 되었으며 여기에 주격조사 '-가', '-이'가 첨가되어 주어의 역할을 감당하게 된 것이다. 이들을 주어로 하는 주문장의 서술어는 '쉽지 않을텐데', '밝혀졌다'가 된다.

내포문을 주어절로 만들기 위해서 그 종결어미를 '-음'이나 '-기'로 대체하는 것이 일반적이지만 의문문이 주문장에 내포되어 주어절을 만들 때는 서술어의 종결어미가 변동하지 않고 그대로 쓰이고 있다.

(30) 그가 무엇을 했느냐가 문제다.
(31) 어느 쪽이 유리한가가 문제다.

예문 (30)과 (31)에서는 내포문의 의문종결이며 '-느냐', '-ㄴ가'가 변동 없이 주격 조사 '-가'와 통합하여 주어의 역할을 하고 있다.

② 서술절

주술관계의 구성체 즉 하나의 문장이 아무런 변동 없이 그대로 주문장의 서술어로 내포될 때 이를 서술절이라 한다.

(32) 토끼는 앞발이 짧다.
(33) 그는 눈이 멀었다.

예문 (32)에서 '앞발이 짧다'는 어미의 변동 없이 문장 그대로 주어 '토끼'의 서술어 역할을 하고 있으며, 예문 (33)에서는 '눈이 멀었다'가 주어 '그는'의 서술어 역할을 하고 있다. 결국 이들은 문장 그대로가 서술절이 된 것이다.

③ 관형절

주술관계의 구성체가 관형어 성분의 역할을 할 때 이를 관형절이라 한다. 관형절은 관형사형 어미 '-는', '-ㄴ(은)', '-ㄹ(을)' 등에 의하여 만들어진다.

(34) 내가 살던 고향은 무척 멀다.
(35) 우리는 물이 많은 곳을 찾아냈다.

예문 (34)에서 '내가 살던'은 주어인 명사 '고향'을 수식하고 있는 관형절이며, (35)에서 '물이 많은'은 목적어인 명사 '곳'을 꾸미고 있는 관형절이다. 관형사형 어미 '-는', '-ㄴ(은)', '-ㄹ(을)' 등의 시제는 동사와 형용사가 일치하지 않는다. 즉 동사의 현재형은 '-는'인데 반하여 형용사의 현재는 자음으로 끝나는 어간에는 '-은', 모음으로 끝나는 어간에는 '-ㄴ'이 연결된다.

동 사 : 먹는, 보는
형용사 : 맑은, 흰

특이한 것은 문장의 종결어미를 바꾸지 않고도 그 문장 전체에 관형사형 어미 '-는'이 연결되어 관형절이 이루어질 수 있다는 점이다.

(36) 그것은 여기 물이 없다는 표시이다.

예문 (36)에서 '물이 없다'가 그대로 '-는'을 붙여 명사 '표시'를 꾸미는 관형절이 되었다.

④ 부사절

주문장 속에 또 다른 문장이 내포되어 부사어의 역할을 할 때 이를 부사절이라 한다.

(37) 그는 나를 입에 침이 마르도록 칭찬했다.
(38) 그는 거울을 눈이 부시게 닦았다.

예문 (37)에서 '입에 침이 마르도록'은 주문장의 서술어 '칭찬했다'를 꾸미고 있는 부사절이며, 예문 (38)에서 '눈이 부시게'는 역시 주문장의 서술어 '닦았다'를 꾸민 부사절이다.

한 문장이 부사절이 되려면 종결어미가 부사형 어미로 바뀌는 것이 원칙인데 '−고'의 경우는 문장종결어미에 연결되어 부사절을 만든다.

(39) 그들은 비가 온다고 야단이다.
(40) 그들은 비가 올 것이라고 기뻐했다.

예문 (39)에서는 '비가 온다'에 그대로 '−고'가 연결되어 부사절이 되었으며, 예문 (40)에서는 '비가 올 것이다'에 '−고'가 연결되어 부사절이 되었다. 계사 '−이'에 연결된 '−다'는 '−고' 앞에서는 '−라'로 바뀐다.

⑤ 목적어절

주술관계의 구성체가 목적어의 기능을 가질 때 이를 목적어절이라 한다. 주어절의 경우와 마찬가지로 주술관계의 구성체가 목적어 성분역할을 하려면 서술어의 종결어미를 명사형 어미 '−음', '−기'로 바꾸어야 한다. 그런 다음에 목적격 조사 '를(을)', '−고' 등을 붙여 목적어 기능을 담당케 한다.

(41) 보초병이 날이 밝았음을 알렸다.
(42) 그는 날이 밝기를 기다렸다.

예문 (41)에서 '날이 밝았음'은 주문장의 서술어 '알렸다'의 목적어 역할을 한 목적어절이 되었으며, 예문 (42)에서 '날이 밝기'는 주문장의 서술어 '기다렸다'의 목적어 역할을 한 목적어절이 되었다. 주어절의 경우와 같이 의문문이 주문장에 내포되어 목적어절로 될 때는 그 의문문의 서술어가 어미 변동 없이 바로 목적격 조사를 취해 목적어절이 된다.

(43) 우리는 그가 언제 올 것인가를 알아야 한다.
(44) 우리는 그가 무엇을 했느냐를 놓고 토론했다.

예문 (43), (44)를 통해서 우리는 국어의 의문문이 본래 명사문이었을 것임을 추측해 볼 수 있다.

⑥ 보어절

주술관계의 구성체가 보어의 기능을 가질 때 이를 보어절이라 한다. 보어절 역시 명사절이어야 하므로 서술어의 종결어미를 명사형 어미 '−음', '−기'로 바꾸어야 한다. 주어절과 목적어절에서와 같이 의문문이 보어절로 될 경우에는 의문종결어미의 변동 없이 그대로 쓰인다.

(45) 우리들의 이상은 나만이 잘 살기가 아니다.
(46) 그들의 바람은 조국이 번영함이 아니다.
(47) 중요한 문제는 네가 언제 가느냐가 아니다.

예문 (45)에서는 '나만이 잘 살기가'가 보어절로 쓰였으며, 예문 (46)에서는 '조국이 번영함이'가 보어절로 쓰였다. 예문 (47)은 의문문 '네가 언제 가느냐'가 명사적 용법으로 쓰이면서 보어절이 된 것을 보여주고 있다.

성분복문에도 앞에서 살펴 본 등위복문이나 종위복문에서처럼 단순성분복문과 혼성성분복문이 있다. 위에서 예시한 성분복문들은 모두 단순성분복문들이며, 다음에 예시하는 복문은 혼성성분복문이다.

(48) 바람이 불고 눈보라가 칠 때가 머지 않았다.

예문 (48)은 '바람이 불고'와 '눈보라가 칠'이 각각 대등절로 이들이 하나의 등위복문을 이루고 있는데 이 등위복문이 '때'를 수식하는 관형절로 쓰였다. 주문장의 주어는 '때'이며 서술어는 '머지 않았다'가 되므로 결국 이 문장은 혼성성분복문이다. 경우에 따라서는 등위복문, 종위복문들이 마구 섞인 더 복잡한 혼성성분복문도 가능하다.

4. 정확한 문장

1) 정확한 문장의 조건

우리는 학생들의 작문에서 많은 오류에 접하게 된다. 맞춤법이나 띄어쓰기의 잘못, 부정확한 단어의 선택, 비문법적 문장, 문장과 문장 사이의 비논리적 연결 등이 그것이다. 적어도 작문은 필자가 쓰고자 하는 내용을 논리적으로 전재하여 독자들에게 뜻하는 바를 정확하게 전달할 수 있어야 한다. 말을 할 때는 경우에 따라 잘못된 어휘나 비문법적 문장이더라도 그것을 곧 수정하거나 다른 말로 바꾸어 청자를 쉽게 이해시킬 수 있으나 한 번 써 놓은 글은 수정하기도 어려울 뿐만 아니라 글 전체의 뜻을 파악하기 어렵게 만든다.

우리는 흔히 '말하듯이 글을 쓰자'는 말을 듣게 된다. 그러나 일반적인 대화에서는 화자의 언어외적 요소, 즉 표정이나 몸짓 등으로 청자를 이해시킬 수 있는 요소들이 많이 있으나 글에서는 그러한 언어외적 요소들은 완전히 배제될 수밖에 없다. 따라서 글에서 글쓰는 사람의 말하고자 하는 내용은 글을 통해서만 전달될 수밖에 없다. 독자 또한 글을 통해서만 글의 내용을 이해하여야 된다. 글을 쓸 때 정확한 문장을 사용하여야 되는 까닭이 여기에 있다. '말하듯이 글을 쓰라'는 것은 독자들이 그 글의 내용을 쉽게 이해할 수 있도록 쓰라는 것이지 부정확한 문장이나 비논리적 것을 묵인할 수 있다는 것은 아니다.

좀 더 올바른 문장을 쓰기 위해서 다음의 세 가지 면을 강조하고자 한다.

(1) 낱말이나 어미들이 올바로 사용되어야 한다.
(2) 문장의 구성요소들 사이의 지시관계가 명확히 드러나야 한다.
(3) 문장 사이의 논리적 연계성이 분명해야 한다.

2) 명확한 낱말과 어미 사용

(1) 산을 오르는 사람들의 발자국 소리가 들렸다.
(2) 우리는 자신들의 향락만을 추구하는 안빈낙도에 빠져 있었다.
(3) 세상에 어떤 품위 있는 것을 실현하기 위해서는 비위에 거슬리는 사회악을 완전히 근절해 버려야 한다.
(4) 아마 그는 자신의 신념과 갈등에 휩싸여 있는 것만 같다.
(5) 헤겔의 역사주의를 떠받치고 있는 두 가지 동력은 헤라클레이토스의 사상인 ①반대자의 투쟁과 ②반대자의 일치의 사상이라고 볼 수 있다.

문장 (1)에서 밑줄친 '발자국'은 소리를 낼 수 있는 것이 아니다. 따라서 '발걸음' 정도로 바꾸어야 할 것이다.

문장 (2)에서의 '안빈낙도'는 개념상의 오류를 범하고 있다. 즉 '안빈낙도'란 "가난하고 궁핍하면서도 절개를 버리지 않고 편안한 마음으로 자기의 분수를 지킨다."는 뜻이지 "자신들의 향락만을 추구한다."는 뜻이 아니다.

문장 (3)에서 보이는 '완전히 근절'과 같은 예는 우리가 수시로 접하게 되는 통사오용 중의 한 예이다. '근절'은 '根絶'로 이미 '완전히'란 뜻을 지니고 있는 단어이기 때문에 '완전히'란 부사어가 중첩되어 있는 것이다. 이와 같은 예들로서 우리는 흔히 '이해타산을 계산하는', '결실을 맺다', '쓰이는 용도에 따라', '늙은 노모' 등을 접할 수 있다.

문장 (4)에서 '신념'과 '갈등'이 공동격조사 '-와/과'로 결합하기는 어렵다. 왜냐하면 신념과 갈등은 적어도 동질요소가 될 수 없기 때문이다. 즉, 문장 (4)에서 '휩싸인다'는 동사와의 연결에서 '갈등에 휩싸인다'는 말은 가능해도 '신념에 휩싸인다'는 말은 자연스럽지 못하기 때문이다.

문항 (5)의 ①과 ②는 수식어와 피수식어의 결합구조가 동일 어미의 반복구조로 이루어지고 있어 어색한 감을 주고 있다. 따라서 '반대자의 투쟁과 반대자의 일치의 사상'을 '반대자에 투쟁하는 사상과 반대자와 동조하는 사상'으로 고치면 어색한 감을 덜 수 있을 것이다.

3) 명확한 지시

(1) 때 늦은① 눈이 내리는② 날 안경낀③ 키가 보통인④ 한⑤ 남자가 걸어오고 있다. 내게로⑥

(2) 그는 매우 내성적이다①. 남자가 너무 소심하다고 할까 ②. 아무튼 남과 대화를 할 때 얼굴이 붉어지는 것만 봐도 알 수 있다③. 고등학교를 남녀공학인 학교에서 다녔어도④ 여학생에게 말도 건네지 못한⑤ 내성적인⑥ 성격을 지닌 그였다.

(3) 깡마른 얼굴에 핏기가 가셨지만 우뚝한 코위에 올라앉은 금테안경이① 그의 굳센 마음을 대변해 준다.② 내가 알기에 그는 본래 태어날 때부터 몸이 튼튼하지 못하였다.③

윗글 (1), (2), (3)은 대학교 1학년생이 자기 자신을 삼인칭 대명사로 객관화시켜 자신을 소개한 글 가운데 한 예이다. 우리는 문장 (1)~(3)의 내용을 짐작으로 이해할 수 있다고 할 수 있지만 실제로 이 문장들이 나타내고자 하는 정확한 뜻을 이해하는 데는 큰 어려움을 겪게 된다.

문장 (1)은 '날'을 수식하는 것처럼 보이는 수식 요소 ①, ②가 중복되었다고도 볼 수 있고, 또 ①이 '눈'을 수식하는 것처럼 볼 수도 있어서 매우 모호한 의미를 갖게 한다. 문장 (1)에서 ①과 ②가 '날'을 수식하는 요소라면 그 의미는 '하루 중 늦게 눈이 내렸다'는 의미가 되겠지만 ①이 '눈'을 수식하고 '눈이 내리는'이 '날'을 수식한다면 '철 늦게 눈이 내렸다'는 의미가 된다. 문장 (1)에서 ③, ④, ⑤는 '남자'를 모두 수식하고 있다. 이와 같이 수식 요소가 중복되어 하나의 체언이나 또는 어귀를 수식하거나 한정하게 되면 정확한 지시 관계가 성립되기 어렵다. 더군다나 ⑥과 같은 문장 요소는 '한 남자가'의 뒤에 와야 할 것이다.

대체로 수식어를 한정어(determiner)라고 하고 한정 받는 요소를 명사구(NP)라고 할 때 '한정어+명사구'는 그 지시가 비교적 명확하다고 할 수 있는 반면에, '한정어'가 하나의 명사구에 중복되면 문장 (1)에서 살펴본 바와 같이 의미의 모호성을 가져오게 되는 것이 보통이다. 그것을 도표로 보면 (4)와 같다.

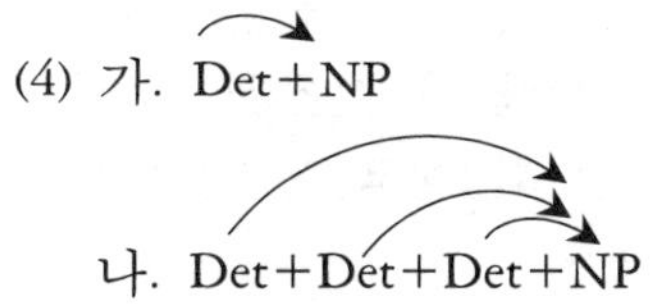

(4) 가처럼 하나의 수식어가 그 뒤에 오는 명사를 한정할 때 그 지시가 명확한 반면, (4) 나처럼 여러 가지 수식어가 하나의 명사를 수식하게 되면 그 의미가 정확하게 나타나기가 어렵다. 부득이한 경우 수식어 다음에 쉼표(,)를 찍음으로써 그 모호성이 좀 감소되기는 하나 역시 자연스럽지 못하다.

문장 (2)는 성격이 내성적인 한 남자를 묘사하고 있다. 문 ①과 ②의 의미의 연계성도 명확하다고 할 수 없다. 문장 ③으로 독자에게 "그가 참으로 내성적이다"는 사실을 설명할 수 있을지도 의문이다. 또 문장 (1)에서처럼 줄친 ⑤와 ⑥이 동시에 '성격'을 수식하는 것인지 그렇지 않으면 ⑤가 '내성적인 성격' 전체를 수식하는 것인지도 명확하지 않다.

문장 (3)에서도 그런 예들이 발견된다. ①이 ②를 나타내는 필연적 관계성을 찾기 어렵다. 즉 '우뚝한 코 위에 올라앉은 금테안경'이 어떻게 '그의 굳센 마음을 대변해 주는지'를 독자의 입장에서는 납득하기 어렵다. 즉 ①과 ② 사이의 논리적 필연성뿐만 아니라 전혀 정확한 지시성이 나타나 있지 않다. 글 (3) 전체는 논리성이 전혀 도외시된 글이라 할 수 있겠다.

4) 명확한 논리성

(1) 그는 끊임없이 동요하여 한 순간도 한 곳에 머무르지 않는다①. 그에게는 고향이라는 것이 없다②. 진정한 마음의 고향을 진실로 갈구한다③. 따라서④ 그에게는 유년기가 없다⑤. 아스팔트 위에서만 호흡하고 걸어다녀 온 그다⑥.

(2) 그는 차분하고 치밀하다. 너무 지나칠 때는 소심하다①는 말을 들을 때도 있지만 일을 철저히 하려 하는 그는 조금도 개의치 않는다②. 그가 맡은 일은 완결지어야 한다③.

(3) (ㄱ) 아직도 쌀쌀한 바람이 부는 이른 봄①, 아직 봄비라 할 수 있을지 모르지만②, 창문을 열고서③, 아득히 먼 곳을 바라본다④. 거리를 몰려가는 수선스런 사람들의 무리와 엄숙하게 들어앉은 빌딩들의 모습에서 문득 그 자신을 바라본다⑤. 그는 이젠 대학생이다⑥.

(ㄴ) 오늘 일을 하지 않았다.

(ㄷ) 고급 노동력이 되려고⑦, 보장되어진 나날을 위해서 밝은 형광등 아래에서 몇 달 후면 던져버릴 말들을 적어 놓고 있다⑧.

우리는 글 (1), (2), (3)에서 그 글을 구성하고 있는 각각의 문장들이 서로 논리적으로 필연적인 연관성을 맺고 있지 못하다는 사실을 쉽게 알 수 있다. 또 같은 글이라 하더라도 그 단락에서 서로 논리적으로 합당한 통합이 이루어지고 있지 못함을 알 수 있다.

글 (1)은 여섯 개의 문장으로 짜여져 있는데 그 여섯 개의 문장들이 한결같이 논리적인 연관성으로 맺어져 있지 못하다. 문장 ②를 통해서 주인공 '그'의 정서적인 불안정성을 짐작할 수 있다. 그런데 제 ①문장으로 미루어 보면 정서적 안정성이 없을 뿐만 아니라 행동 자체도 안정되지 있지 못하다. 문장 ③과 '따라서'로 맺어져 있는 문장 ⑤도 비논리적이다. ④의 '따라서'는 문장 ③의 결과로 문장 ⑤가 나타나야 되는데 그럴 만한 필연성이 없다. 문장 ⑥도 어떻게 귀결되어야 할지 논리적으로 의문이다. 글 (1)은 그야말로 되는 대로 늘어놓은 낙서같은 글에 지나지 않는다. 글 (1)을 각 문장들이 좀더 논리적 연관성을 갖도록 고쳐 써 보자.

> 1-1. 그는 한 순간도 한 곳에 마음을 붙이지 못할 정도로 마음이 불안정하다. 그에게는 정서적인 안정을 찾을 수 있는 '고향'이 없는 것이다. 만약 그에게 '진정한 마음의 고향'이 있었다면 그는 훨씬 안정된 생활을 할 수 있었을 것이다. 그는 진정한 마음의 고향을 갈구한다. 방황과 갈등에서 헤어나 추억에 잠길 수 있는 고향………. 그는 고향과 결부해 추억을 되살릴만한 유년기가 없다. 대도시에서 추억을 심을 수 없는 아스팔트 위를 걷고 공해만을 호흡하면서 살아온 그이기 때문이다.

글 (2)도 논리적 연관성의 문제는 찾기 어렵다. 줄친 ②에서 '조금도 개의치 않는다'의 '개의치 않는'의 구체적인 내용은 ① '소심하다는 말'인데 이것이 지적되어 있지 않기 때문에 비논리적인 글이 되었다. 적어도 '조금도 그 말을 개의치 않는다' 정도로 되었어야 할 것이다. 문장 ③도 윗글의 내용과 구체적으로 관련이 있음을 나타내지 못하고 있다. '완결지어야 한다'를 '완결지어야 하기 때문이다'라고 하면 주인공이 '소심하다는 말'에 개의치 않는 이유가 명확히 드러나게 된다.

> 2-1. 그는 성격이 차분하며 또 치밀하다. 너무 지나칠 때는 남들에게서 '소심하다'는 말을 들을 때도 있지만 모든 일을

치밀히 하려는 그는 조금도 그 말에 개의치 않는다. 그가 맡은 일은 누가 뭐라 해도 완결지어야 하기 때문이다.

글 (3)은 세 문단으로 짜여졌는데 그 문단 사이의 논리성이 전혀 갖추어져 있지 못하다. (ㄱ)단락에서 아마 필자는 '이른 봄 복잡한 주위 환경속에서 문득 자기 자신을 돌아보는 내용'을 묘사하려 한 것 같다. '이른 봄'과 '복잡한 거리' 그리고 '대학생이 된 자신'을 논리적으로 연관지어 묘사하려는 문장으로는 단락 (ㄱ)은 전혀 적절한 글이 될 수 없다. 단락 (ㄴ)도 전혀 어떤 내용인지 알 수 없는 글이다. 그런 면에서는 단락 (ㄷ)도 동일하다.

3-1. 봄이라고 하기에는 너무 쌀쌀한 바람이 분다. 북극이나 남극에 비하면 그래도 봄이라 할 수 있겠지……. 창문을 열어 젖히고 빌딩 숲속으로 아득히 먼 하늘을 바라본다. 가까이에는 거리를 몰려다니는 수선스러운 사람들의 무리. 그리고 중압감을 느끼게 하는 빌딩들의 숲, 그는 새삼스럽게 자신을 되돌아본다. 그는 이 봄에 대학생이 되었다.

그는 오늘 아무 한 일이 없다.

그는 대학생활을 졸업하면 대체로 보장된 높은 직위와 경제적 풍요를 위해서 사회생활을 해 나가게 될 것이다. 높은 직위와 경제적 풍요에 별 도움이 안 되는 작문 때문에 밝은 형광등 아래서 원고지에 글자를 적어 넣고 있다.

글을 쓸 때 한 문장을 아무리 정성들여 쓴다 하더라도, 또 그 문장들이 모두 문법에 맞는 좋은 문장이라 하더라도 다른 문장들과의 논리적 연관성이 맞지 않으면 그 글 전체는 좋은 내용의 글이 될 수 없다. 글에서 정확한 논리적 연관성은 그 글 전체를 일괄적으로 통괄해야 한다는 점을 지적한 것이다.

글에서 각 문장들이 서로 객관적으로 분석되고 그들의 관계가 검증될 수 있는 요소들을 지니고 있을 때 그 문장들을 필연적으로 논리적 연계성을 갖게 된다. 이 논리적 연계성의 문제는 결국 문장의 조직과 체재를 일관된 의미로 유지하게 하는데 꼭 필요한 것이다. 구체적으로 이 논리적 연계성을 지적하자면, 전체와 부분, 추상성과 구체성, 일반과 특수, 원인과 결과, 연역 및 귀납, 전제와 결론 등의 관계로 정립될 수 있다.

가령, 문장 (가)가 어떤 원인에 대하여 기술하고 있다면 이 문장에 연속되는 문장 (나)는 문장 (가)가 원인을 나타내는 어미와 통합관계를 갖게 됨으로써 (다)와의 논리적 연계성이 합리적으로 이루어질 수 있을 것이다. 이와 같이 문장 (가)가 원인을, 문장 (나)가 그 결과를 나타내도록 연계성이 이루어진다면 문장 (다)에서는 그 구체적 증거를 나타낼 수 있는 내용이 나타나게 되고, 그러면 이 문장 (다)는 문장 (나) 뒤에 계속되어 나타나게 된다. 물론 이때도 문장 (나)와의 논리적 연계성을 나타낼 수 있는 어미 혹은 접속어들이 등장하게 된다.

Ⅱ. 단락 (段落)

우리가 글을 쓸 때 단 하나의 문(文)으로 끝맺는 경우는 매우 드물다. 대개 여러 문이 어우러져 보다 큰 단위를 형성하게 마련인데 이 단위를 단락이라 부른다. 단락을 나누는 까닭은 한 단위로 갈라놓아 다른 단위의 생각과 구별함으로써 글 전체의 의미와 구성관계를 분명하게 해주려는 의도이다. 그러므로 단락이란 한 단위의 의미에 대응되는 한 단위의 문장을 가리킨다.

본장에서는 문과 문이 어떻게 잘 조합하여 단락을 만들 것인가 하는 점과 어떻게 하면 단락과 단락을 잘 연관지어 전체 문장으로 이끌어 나아갈 것인가 하는 점을 다루게 된다.

1. 단락과 소주제문(小主題文)

단락은 몇 개의 문의 집합으로 이루어지는 것이 원칙이다. 단 하나의 문으로 이루어진 단락이 없진 않으나 몇 개의 문이 복합되어 서술되는 것이 일반적이다.

단락은 문보다는 길고 복잡한 단위로서 핵심 관념(Key-idea)을 가져야 한다. 그 핵심 관념은 무엇보다도 새로운 생각이나 사태(事態)일 것이 요구된다. 새로운 생각이나 사태가 아니라면 구태여 단락을 나눌 필요 없이 하나의 단락으로 작성하는 것이 바람직하기 때문이다.

단락은 또한 하나의 최종적인 소주제문을 가지는 것이 일반적이다. 하나의 단락에 필수적인 핵심 관념이 완결적인 표현으로 드러나게 되는데 이를 소주제문이라 한다. 우리가 흔히 '중심이 잘 잡혀 있는 글'이란 말을 사용하는데 이는 각 단락의 소주제문이 잘 드러나 있다는 것을 뜻한다. 소주제문이 명쾌하지 못하면 그 단락의 핵심 관념이 흐려지게 되므로 소주제문을 선명하게 표현할 수 있도록 노력하여야 한다.

몇 개의 문의 집합으로 구성되면서 최종적인 소주제문이 하나의 핵심 관념을 담고 있는 단락을 단순 단락(simple paragraph)이라 하여 복합 단락(complex paragraph)과 구별한다. 여러 개의 단순 단락이 서로 연관되어 복수의 관념들을 포괄하는 경우를 복합 단락이라 한다. 논설문에서 서론, 본론, 결론 부분이 각각 둘 이상의 단순 단락으로 이루어진다면 이들은 모두 복합 단락으로 구성되어 있다고 할 수 있으며 나아가서 서론 첫머리에서부터 결론의 마지막 부분까지를 포괄하는 전체도 역시 복합 단락의 일종이라 할 수 있다.

2. 소주제문의 작성

소주제문을 작성할 때에는 다음의 세 가지 사항에 유의하여야 한다.

첫째, 소주제문은 모주제문에 도달하기 위하여 작성하는 것으로서 명쾌하고 선명하면서도 인상적인 문으로 표현되는 것이 일반적이다. 여기서 명쾌하고 선명해야 한다는 말은 소주제문에 포괄되는 내용과 그렇지 않은 내용의 한계가 뚜렷이 드러나도록 한다는 것까지도 의미한다. 그런데 서사문(敍事文)이나 묘사문(描寫文)에서는 주제를 암시·소개하는 정도에서 멈출 수도 있다. 이 경우의 소주제문은 문장표면으로 드러나지 않고 암시적으로 존재한다.

둘째, 소주제문을 작성할 때에는 또한 그 범위를 알맞게 잡도록 유의해야 한다. 소주제문의 범위가 지나치게 넓거나 지나치게 좁으면 단락의 균형을 잡기가 매우 어려워진다. 따라서 소주제문이 너무 일반화된 것이거나 너무 특수화된 것은 좋지 않다. 소주제문의 범위를 너무 넓게 잡으면 너무 막연하여 단락의 방향을 설정하기 힘들어진다. 반면에 소주제문의 범위를 좁게 잡으면 논의할 수 있는 대상의 폭이 좁아지므로 서술할 내용이 부실해지는 경우가 많다.

마지막으로, 소주제문을 작성할 때 무엇보다도 유의해야 할 점은 단락이 소주제에 의해서 통일될 수 있도록 하여야 한다는 점이다. 소주제문은 그럴 듯하게 작성해 놓았으면서도 단락의 내용이 정작 소주제와 아무런 연관성(聯關性)도 지니지 못한다고 하면 논지(論旨)가 흐려지게 된다. 단락을 구성하는 부분 부분의 내용이 유기적으로 상호 연관되면서 소주제문으로 압축되어 통일성(unity)을 줄 수 있어야 하는 것이다.

소주제문을 단락의 어느 위치에 두느냐에 따라서 글의 효과는 달라질 수 있다. 소주제문을 단락의 첫머리에 두는 두괄식(頭括式) 구성은 문제의 핵심을 처음부터 명백히 할 수 있어서 독자의 관심을 집중시키고 지배적 인상을 줄 수 있다. 이처럼 주제를 강조하고자 할 때에는 미괄식보다 두괄식(頭括式) 구성이 효과적이다. 소주제문이 단락의 마지막 부분에 오게 되는 미괄식 구성은 해당 단락의 주제를 요약하는 효과를 거둘 수 있을 뿐만 아니라 특별히 강조되어야 할 내용을 다시 한 번 강조할 수 있는 장점이 있다. 두괄식과 미괄식의 장점을 모두 살리기 위하여 소주제문을 첫머리와 마지막 부분에 함께 놓은 방식을 취하기도 한다. 이러한 방식을 흔히 쌍괄식(雙括式) 구성 방식이라 한다. 문제의 핵심을 선명하게 하고 강조하고자 하는 바를 뚜렷하게 나타낼 수 있는 흔히 사용되는 방식이지만 주제가 중복됨으로써 빚어지는 문체(文體)상의 흠이 없지 않다.

3. 단락의 전개

결정된 소주제문을 중심으로 한 단락을 완성하는 절차를 단락의 전개라 한다. 단락을 전개해 나아갈 때 무엇보다도 중요한 점은 단락의 전개내용이 소주제문의 내용과 연관될 수 있도록 소재들이 일관된 성격을 가져야 한다는 점이다. 그래야만 단락의 통일감을 줄 수 있으며 하나의 단위로 완결될 수 있다.

단락의 전개에서는 또한 긴밀성(coherence)이 문제가 된다. 긴밀성은 소재들이 조직·배열되는 방법에 주로 관련된다. 이는 복합 단락으로 구성해 나아갈 때 특히 중요하지만, 단순 단락 내부에서도 소재들을 조직하고 배열하는 방법이 긴밀해야 된다는 것이다. 단락의 전개는 언제나 주제가 전후(前後) 일관되어 발전해 나아가는 길을 따라 이루어져야 한다는 것이 그 대전제(大前提)이므로 소재가 긴밀하게 구성되어야 하는 것이다.

단락을 작성할 때 가장 중요한 것은 주제를 이루는 핵심 관념을 충분히 검토하여 확정하는 일이다. 핵심 관념은 가장 중심적인 관념이므로 당연히 소주제문을 작성할 때 반영되어야 한다.

그런데 소주제문에 반영되는 핵심 관념은 다시 분석(分析)의 대상이 된다. 도깨비의 형상(形狀)을 묘사한 예문을 들어 보자.

> 귀면(鬼面)을 표현하는 촛점은 험상궂은 데에 있다. 도깨비의 성격을 표현하기 위하여 눈 · 코 · 입을 특히 강조하는데, 이 세 부분이 표면 면적의 거의 대부분을 차지하며, 머리 위에는 뿔이 돋아 있다. 눈은 반구형(半球形)으로 크게 융기되었고, 코는 가장 돌기되어 콧구멍을 크게 뚫어 들창코의 형상을 하고 있다. 입을 크게 벌려서 표면 면적 하반부의 반 이상을 차지하며, 좌우에 길고 날카로운 송곳니를 비롯하여 이가 아래위로 굵게 표현되었다. 눈 위에는 좌우에 뿔을 표현하였는데 크기와 각도는 각각 다르다. 이 밖에도 귀 · 수염 · 머리칼 등으로 공간을 메우거나 때로는 얼굴뿐 아니라 발까지 나타내는 경우도 있다.
>
> 秦弘燮 : 와당(瓦當)에 새겨진 도깨비 -

이 글의 핵심 관념은 '도깨비의 험상궂은 얼굴' 정도가 될 터인데 도깨비의 얼굴을 눈 · 코 · 입 등의 하위 구성 요소로 분석하여 단락을 전개하고 있다.

이처럼 핵심 관념을 분석하여 단락을 전개하는 경우가 매우 많다. 핵심 관념이 다시 몇 개의 하위 관념으로 분석되는 경우, 그것을 분자 관념이라 한다. 분자 관념을 더욱 세분화하여 생겨나는 하위 관념을 원자 관념이라 부르는 경우도 있다. 단락의 전개를 더욱 쉽게 할 목적으로 분자 관념에 소속될 여러 세부 사항을 다시 뽑아내는 경우도 있는 것이다. 이는 특히 복합 단락을 전개할 때 많이 사용된다. 복합 단락을 구성하는 여러 단순 단락을 분자 관념으로 간주한다면 각각의 단순 단락을 구성하는 여러 분자 관념은 복합 단락 전체에서 볼 때 원자 관념이라 할 수 있다.

대부분의 글은 복합 단락으로 되어 있으므로 핵심 관념이 원자 관념에까지 분열되어 나아가는 것이 보통이다. 단순 단락으로 끝맺는 글은 분자 관념에서 분열 과정이 멈출 것이지만 어떤 글을 쓰는 경우에라도 원자 관념에 이르기까지 핵심 관념을 분열하여 보는 것이 좋다.

핵심 관념의 분열 과정을 다음과 같이 수형도(樹形圖)로 표시하게 되면 과정 자체를 보다 더 조직적으로 수행할 수 있을 것이다.

구비전승(口碑傳承)의 종류

- 말
  - 말(방언)
  - 속담
  - 수수께끼
- 이야기
- 노래
  - 민요
  - 무가(巫歌)
  - 판소리
    - 서편제
    - 동편제
    - 중고제
- 놀이

원자 관념들을 바탕으로 글을 써 내려가기 전에 어떤 순서로 써 내려가는 것이 효과적일 것인가 검토해 보아야 한다. 모든 원자 관념의 배열 과정은 일단 상황에 알맞은 것이어야 한다. 상황에 알맞다는 말은 그 글의 성격과 관련된다.

(가) 철학과 현실
(나) 입시지옥이 생겨난 이유
(다) 불도(佛道)를 닦는 수련 과정
(라) 수학여행의 여정(旅程)
(마) 군대 생활에서의 추억

(가)와 같은 내용의 글은 무엇보다도 논리적 순서를 따르게 될 것이나 (나)는 중요성의 정도에 따라 원자 관념의 배열 순서가 결정될 것이다. 또한 (다)는 시간적 순서에 따를 것이고, (라)는 공간적 이동 과정을 따라 배열 순서가 정해질 것이다. (마)는 의미론적 연상작용에 의해 배열이 이루어질 것이다.

1) 논리적 순서에 따른 배열

그런데 현실은 우리 앞에 그저 놓여 있는 것이 아니라, 우리는 현실 속에서 태어났고 그 속에서 살다가 그 속에서 죽는 역시 하나의 현실적 존재다. 현실이란 이것을 떠났다가 가끔 생각날 때마다 문제로 삼을 수 있는 한갓된 대상이 아니다. 현실을 유리(遊離)한다는 것 자체가 벌써 현실에 의하여 제약되어 있는 증거인 것이다. 꿈은 현실이 아니다. 너무나 참혹한 현실에 부딪칠 때 우리는 이것이 꿈이라면 하는 수가 얼마나 많은가. 또는 불길한 악몽 속에서 어쩔 줄을 모르고 고민하다가 깨었을 때 천행으로 그것이 꿈이었음을 고맙게 생각하는 일이 얼마나 많은가. 그리하여 헛된 공상을 우리는 백일몽(白日夢)이라고도 한다. 그러나 그 꿈꾸는 것 자체는 분명이 현실적 사실이다. 현실로부터 벗어나려는 것 자체가 바로 벗어나려는 현실 속에서만 성립할 수 있음을 부인할 길이 없다. 현실을 문제로 할 때 현실은 나의 밖에 있는 대상이 아니다. 나는 그 현실이라는 테두리 밖에 일탈(逸脫) 대립(對立)하여, 그것을 구경이라도 하고 있는 것같이 생각하기 쉬우나, 나의 생존이 역시 하나의 현실인 이상, 우리는 현실 속에서 하나의 현실로서 현실을 문제로 하는 수밖에 없다. 도대체 철학과 현실이 따로 있는 것이 아니다. 현실 자체 속에서 철학이 요구하는, '철학하는 것'이 곧 현실의 자기 비판, 현실 건설의 일익(一翼)을 담당하는 것이다. 이와 같이 하여 철학적 태도는 현실로부터 즉 현실의 자기 부정을 통하여, 다시 현실로 즉 '현실 아닌 것'의 자기 부정으로 돌아오는 것이다. 간단히 말하면 '부정(否定)의 부정(否定)'의 태도가 곧 철학적 태도요, 이것이 다름 아닌 산 현실을 건설 파악하는 태도인 것이다.

박종홍 : 철학과 현실-

2) 중요성의 순서에 따른 배열

끝으로 일언(一言)하고 싶은 것은 독자 제위(諸位)가 이 졸렬(拙劣)한 소연구(小研究)를 통해서라도 다음 몇 가지의 우리 문화의 특색을 이해하여 주실 줄 알며 또 이해하여 주시기를 바라는 바이니 그것은 첫째 조선의 민족 문화의 요원한 고석(古昔)으로부터 결코 고립한 문화가 아니요. 실로 세계 문화의 일환(一環)으로서 존재하였다는 것이니 세계적으로 분포된 공통설화—말하자면 세계적 설화의 모든 종류를 우리가 소지(所持)한 것으로 미루어 알 수 있다. 둘째 우리 주변에 있는 타민족(他民族)과의 문화 관계에서 이것을 보면 우리 문화는 중국 문화와 가장 깊고 복잡한 친밀관계를 가졌는데 질로나 양으로나 우리가 중국에 끼친 영향은 극히 적으나 한민족(漢民族)이 우리에게 준 영향은 극히 크다는 것이다. 그리고 몽고 민족과 관계를 보면 그것이 양으로 보아 한민족(漢民族)의 그것에 대해서는 도저히 비교가 되지 아니하나 한민족의 감화는 주로 문자나 기록을 통하여 들어왔음에 대하여 몽고민족의 그것은 전혀 사람 자신을 통하여 입으로 말로 이 땅에 퍼지어진 것이므로 특히 인격적 혈연적 친밀을 느끼게 된다. 끝으로 일본 민족과의 관계를 보면 그것은 대체로 조선으로부터 일본에 수출된 것이요. 일본으로부터 우리에게 수입된 것은 극히 소수이며 또 그 수출은 혹은 기록을 혹은 사람에 의하여 되었을 것이니 과거의 일본 문화가 조선과 관계에 있어서 항상 피수적(被受的) 지위에 있었다는 것을 알 수 있을 것이다.

손진태 : 韓國民族說話의 硏究(序說)-

3) 시간적 순서에 따른 배열

(1943년) 9월 18일 : 오후 여덟 시쯤 막 잘 준비를 하려고 하던 차 옆의 감방문 소리가 나며 누가 불려 나간다. 다음은 우리 방이다 하고 서로 켕기고 있다. 발자국 소리가 나며 453을 부르고 스르르 문이 열린다. 나는 나왔다. 서민호 군을 만나 서로 손을 잡고 이제는 살았다고 하였다. 이강래 · 김윤경 · 정인섭 · 이은상 · 권승욱 · 이석린 · 윤병호 · 서승효 · 이민규 · 김선기 하여 전부 12인이 석방되었다. 간수를 따라 개호실(改護室)로 나오다 송산우가 와 보고 웃는다. 간수장(看守長)의 점검을 겪고 짐을 찾아 옷을 갈아 입고 돈도 찾고 송산(松山)형사를 따라 상층(上層)으로 와 감상을 말하고……, 열 한 시나 되어 송산의 지로(指路)로 조일정(朝日町) 홍아여관에 들다. 휘문(徽文) 졸업생 오기영 군을 만났다.

목욕하고 오군 방으로 끌려가 석반(夕飯)하고 잤다.

이병기 : 가람 文選-

4) 공간적 질서에 따른 배열

이 집(귀틀집)은 두 개의 방, 정지, 마구 등이 나란히 이어 달린 일자(一字)집이다. 두 개의 방은 동굴이나무로 짠 귀틀 형식으로 되었으나 정지와 마구 등은 널변을 덧대어서 지었다. 산의 능선은 집

후면에 바짝 내려와 있으며 전면에 다소 편편한 공간이 허락되어 있다. 형좌는 정남형이다. 동굴이나무의 좌우 끝에는 도끼 자국 정도의 흠집을 내어 겨우 엇걸어 놓았을 뿐이다. 그 때문인지 집은 후면으로 7도 가량 씰그러져 있어서 매우 불안정한 느낌을 준다. 사용된 동굴이나무의 수효는 가로와 세로가 각각 9개씩 도합 18개이며 이들 중 가장 큰 것은 지름이 23㎝, 작은 것은 12.5㎝이다. 초석으로는 상부가 편평한 잡석의 모서리를 적당히 발라내고 앉히었는데 전면의 것은 조금 높아서 높이가 30㎝이며 가로는 22㎝ 세로는 46㎝이다. 그리고 최하위의 동굴이나무에서 대공을 얹을 귀틀까지의 높이가 190㎝이며 대공의 높이는 83.5㎝이다.

김광언 : 江原道 山間家屋 네 棟-

5) 연상 작용에 따른 배열

나는 이러한 아름다운 봄경치에 이렇게 마음껏 봄의 속삭임을 들을 때는, 언제든 유토피아를 아니 생각할 수 없다. 우리가 시시각각으로 애를 쓰며 수고하는 것은— 그 목적은 무엇인가? 역시 유토피아 건설에 있지 않을까? 유토피아를 생각할 때는 언제든 그 '위대한 인격이 소유자'며 사람의 위대함을 끝까지 즐긴 진나라 시황(秦始皇)을 생각지 않을 수 없다.

김동인 : 배따라기-

4. 단락의 연계

단순 단락은 원칙적으로 하나의 소주제에 의해 통제되므로 그 자체로서 하나의 완결체가 된다. 그러나 단순 단락은 문장 전체의 한 부분으로서 다른 단락과의 유기적 연관성을 유지하고 있어야 한다. 이러한 연관성에 의해 단락과 단락이 이어지는 것을 단락의 연계라 한다.

단락의 전개는 통일성(unity)이 중요하지만 단락의 연계는 긴밀성(coherence)이 가장 중요한 요건이 된다. 전후의 단락이 긴밀하게 연관되어 있어야만 주제가 산만해지지 않는다. 단락의 연계를 긴밀하게 하는 방법에는 논리적 연계와 연상적 연계 등이 있다. 단락의 전개에서는 중요성의 순서에 따른 배열이나, 시간적 순서 혹은 공간적 질서에 따른 배열이 좋은 방법이 될 수 있었으나 단락의 연계에서는 이들만으로는 불충분하다. 즉 시간적 순서(혹은 공간적 질서)에 따라 단락을 배열했으나 단락 배열의 질서가 그것밖에 없어서 앞뒤 단락의 논리적 관계나 연상적 관계가 성립되지 않는다고 한다면 단락의 연계가 완전한 것이라 할 수 없다.

1) 논리적 연계

논리적 연계는 단락과 단락의 합리적 근거를 바탕으로 이어지는 것을 뜻한다. 논리적 연계는 인과(因果) 관계나 유추(類推) 작용으로 이어지는 경우가 많다. 인과 관계를 취급하는 단락의 연계에서 주의해야할 점은 첫째, 인과 관계의 특성을 잘 이해하여야 한다는 것과 둘째, 인과 관계가 타당해야 한다는 것이다. 유추 해석으로 단락을 연계시킬 때 주의해야 할 점은, 유추하고자 하는 사항은 유추의 대상이 되는 사항보다 그 범위가 비슷하거나 넓어야 한다는 점이다. 어떤 특수한 사실에서 일반적 현상을 끌어내려고 하면 그것은 비약일 뿐 논리가 아니기 때문이다. 또한 유추는 이미 잘 알려져 있는 사실을 비교의 대상으로 하여 그것을 바탕으로 새로운 사실을 설명하는 것이 일반적이다. 유추의 목적은 거의 언제나 알려진 정보(given information)를 통하여 아직 알려지지 않은 정보(new information)를 캐어 내거나 해석하는 데에 있기 때문이다.

논리적 연계는 문장 표면에 논리 관계가 드러나느냐 그렇지 않느냐에 따라 문법적 전이(轉移)와 의미적 전이의 두 가지 방법으로 나뉜다. 문법적 전이는 연계되는 두 단락의 문면(文面)에 논리적 관계가 설정되어 있는 방법이고, 의미적 전이는 문면에 논리적 전개가 구체적으로 드러나 있지는 않지만 의미론적으로 볼 때 두 단락이 논리적으로 연결되어 있는 방법이다.

문법적 전이의 방법에는 크게 세 종류가 있다 첫째, 앞 단락에서 언급된 내용을 뒷 단락에서 되받아 반복함으로써 단락을 연결시키는 방법이 있는데 이를 '반복에 의한 문법적 전이'라 한다. 둘째, 단락과 단락이 꼬리에 꼬리를 무는 식으로 연쇄되는 방법이 있는데 이를 '연쇄에 의한 문법적 전이'라고 한다. 세째, 앞 단락과 뒷 단락 사이에 연결문이나 연결 단락을 두어서 이어 나아가는 방법인데 이를 '연결 단락에 의한 문법적 전이'라고 한다.

의미적 전이는 단락 연계의 방법이 문면(文面)에 드러나 있지는 않으나 단락 상호간에 인과 관계 혹은 유추 관계가 설정되어 있는 논리적 연계 방법이다. 따라서 문장 표면에 연계의 방법이 드러나는 문법적 전이 방법보다 연계의 작성과 해독이 어려운 방법이다. 그러나 장점이 없지 않다. 반복이나 연쇄에 의해 단락을 이어 나아갈 때에는 중복되는 표현으로 말미암아 지루한 느낌을 주기 쉬운데, 그러한 중복이 문면에 드러나지 않는 의미적 전이 방법은 생동감 있게 표현하기에 알맞으며 또한 간결한 맛을 풍기기도 한다.

2) 연상적 연계

연상적 연계는 논리적 연계와는 달리 한 단락의 이미지(image)가 다른 단락의 이미지를 불러 일으키면 그것이 또 다른 이미지를 불러 일으키고 하면서 단락이 이어지는 것을 말한다. 따라서 이때에는 논리가 중요한 요건이 되는 것이 아니라 이미지의 전이가 중요한 요건이 된다. 이 연상적 연계는 시(詩)에서 흔히 찾아볼 수 있는 것으로, 매우 정서적인 수필 등에서도 발견되곤 한다.

3) 체제와 조성

어떤 종류의 글이든지 조직적 질서에 의해 짜여진다. 체제는 문장 전체를 하나로 이끌고 나아가는 거시적 질서에 해당하는 것이고, 조성은 문장의 세부와 관계된 문제다. 즉 체제는 문장 전체를 이끌고 나아가는 커다란 줄기, 즉 뼈대라 할 수 있으며 조성은 그 줄기에 달려 있는 잎사귀, 즉 살이라 할 수 있다. 글의 뼈대를 결정한 다음에 거기에 여러 가지 살을 붙여 나아가는 것이 글 쓰는 과정인 한 체제와 조성은 밀접한 관계에 놓인다. 따라서 단락과 관련시켜 체제와 조성을 설명한다면 체제는 그의 뼈대를 이루는 기본 단락의 작성과 관련되고 조성은 기본 단락을 도와주는 보조 단락의 작성과 관련된다.

그렇다고 하여 모든 보조 단락이 조성에만 관련된 것은 아니다. 보조 단락도 기본 단락과 밀접한 관련 하에서 작성되는 것이 사실이므로 체제와 간접적 관계를 맺고 있는 것이다. 즉, 구체적인 세부사항을 어떤 것으로 선택할 것인가에 따라 체제의 구성이 효과를 거둘 수도 있고 그렇지 못할 수도 있는 것이다. 그렇다면 체제와 조성은 상호 유기적인 관계에 있는 것이지 상호 배타적인 관계에 있는 것이 아니다. 보조 단락도 기본 단락과 밀접한 관련 하에서 작성되는 것이 사실이므로 체제와 간접적 관계를 맺고 있는 것이다. 즉, 구체적인 세부 사항을 어떤 것으로 선택한 것인가에 따라 체제의 구성이 효과를 거둘 수도 있고 그렇지 못할 수도 있는 것이다. 그렇다면 체제와 조성은 상호 유기적인 관계에 있는 것이지 상호 배타적인 관계에 있는 것은 아니다. 조성은 한 단락의 구체적 작성이면서 동시에 단락과 단락의 연계를 도와주므로, 단락끼리의 연계가 중요시되는 체제를 완결시키는 작업이라 할 수 있는 것이다.

글 전체의 구조에서 각 단락의 기능과 위치에 따라 다음과 같이 단락의 특성을 생각해 볼 수 있다.

A. 基本段落 : 중심사상이 진술된 단락
  a. 도입단락 : 글의 목적과 방향을 제시하는 단락
  b. 중심단락 : 대개 본론이 되는 단락
  c. 결말단락 : 글을 마무리 짓는 단락
B. 補助段落 : 주요단락의 내용을 보조하여 담화를 완결 짓는 단락
  a. 연결단락 : 단락과 단락을 연결시켜 주는 단락
  b. 부연단락 : 화제의 내용을 더욱 분명히 해 주는 단락
  c. 강조단락 : 화제를 특히 힘주어 전달 효과를 높이는 단락

①"인생은 빈 술잔. 주단 깔지 않은 층계, 사월은 천치와 같이 중얼거리고 꽃 뿌리며 온다."
이러한 시를 쓴 시인이 있다.
"사월은 가장 잔인한 달"
이렇게 읊은 시인도 있다. 그들은 사치스런 사람들이다. 나같이 범속한 사람은 봄을 기다린다. —(導入段落)

②봄이 오면 무겁고 두꺼운 옷을 벗어버리는 것만 해도 몸과 마음이 가벼워진다. 주름살 잡힌 얼굴이 따스한 햇볕 속에 미소를 띠고 하늘을 바라본다면 날아갈 수 있을 것만 같다. 봄이 올 때면 젊음이 다시 오는 것 같다.
나는 음악을 들을 때, 그림이나 조감을 들여다 볼 때 잃어버린 젊음을 안개 속에 잠깐 만나는 일이 있다. 문학을 업

으로 하는 나의 기쁨의 하나는 글을 통하여 먼 발자취라도 젊음을 바라볼 수 있다는 것이다 그러나 무엇보다 젊음을 다시 가져 보게 하는 것은 봄이다. —(中心段落)

③잃었던 젊음을 잠깐이라도 만나본다는 것은 헤어졌던 애인을 만나는 것보다 기쁜 일이다. 헤어진 애인이 여자라면 뚱뚱해졌거나 말라 바스라졌거나 둘 중 하나요, 남자라면 낡은 털자켓 같이 축 늘어졌거나 그렇지 않으면 얼굴이 시뻘개지고 눈빛이 혼탁해졌을 것이다.
젊음은 언제나 한결같이 아름답다. 지나간 날의 애인에게서는 환멸을 느껴도 누구나 잃어버린 젊음에게는 안타까운 미련을 갖는다. —(敷衍段落)

④나이를 먹으면 젊었을 때의 초조와 번뇌를 해탈하고 마음이 가라앉는다고 한다. 이 '마음의 안정'이라는 것은 무기력으로부터 오는, 모든 사물에 대한 무관심을 말하는 것이다. 무디어진 지성과 둔해진 감수성에 대한 슬픈 위안의 말이다. 늙으면 플라톤도 '허수아비'가 되는 것이다. 아무리 높은 지혜도 젊음만은 못하다
'인생은 사십부터'라는 말은 인생은 사십까지라는 말이다. 다른 것은 몰라도 내가 읽은 소설의 주인공들은 93퍼센트가 사십 미만의 인물들이다. 사십부터는 여생인가 한다. 사십 년이라면 인생은 짧다. 그러나 생각을 다시 하면 그리 짧은 편도 아니다. —(連結段落)

⑤"나비 앞장 세우고 봄이 봄이 와요."
하고 부르는 아이들의 나비는 작년에 왔던 나비가 아니다. 강남 갔던 제비가 다시 돌아온다지만, 그 제비는 몇 봄이나 다시 올 수 있을까?
키이츠가 들은 나이팅게일은 사천 년 전 루스가 이역 강냉이밭 속에서 눈물 흘리며 듣던 새는 아니다. 그가 젊었

기 때문에 不死鳥라는 화려한 말을 써 본 것이다. 나비가 나이팅게일의 생명보다는 인생의 몇 곱절이 길다.
민들레와 바이올렛이 피고, 진달래, 개나리가 피고, 복숭아꽃, 살구꽃 그리고 라일락, 사향장미가 연달아 피는 봄, 이러한 봄을 사십 번이나 누린다는 것은 작은 축복이 아니다. 더구나 봄이 사십이 넘은 사람에게도 오는 것은 참으로 다행한 것이다.
녹슨 심장도 피가 용솟음치는 것을 느끼게 된다. 물건을 못 사는 사람에게도 찬란한 쇼윈도우는 기쁨을 주나니, 나는 비록 청춘을 잃어버렸다 하여도 비잔틴 왕궁에 유배되어 있는 금으로 만든 새를 부러워하지 않는다. 아아, 봄이 오고 있다. 순간마다 가까워 오는 봄! —<結末段落>

〈皮千得 : 봄〉

5. 단락구조의 실제

잘 쓰여진 글은 글 전체의 체제가 매우 긴밀하게 짜여져 있어서 하나의 구조체를 이룬다. 대부분의 글은 전체적으로 보아 여러 단락이 뒤섞여 있는 혼합 구조를 이루기 때문에 얼른 그 양상이 드러나지 않지만 글의 부분 부분을 뜯어 놓고 보면 다음과 같은 구조의 원리에 의해 이어져 있음을 알 수 있다.

1) 통합구조와 병립구조

통합구조는 글을 이끌어 나아가면서 글의 뼈대를 이루는 내용이 순차적 질서로 짜여진다. 예를 들어 '$a_1-b_1-c_1-d_1-e_1$'의 순서로 내용이 전개되는 글에서 이들이 문장의 골격을 이룬다면 이들의 구조가 바로 통합구조가 된다. 그런데 이 순서에서 'b_1'에 대응하는 a_1의 내용이 a_1 하나만 있는 경우도 있지만, 둘 이상일 경우도 있다. 즉 'a_1'과 대등한 관계에 있는 'a_2, a_3……'의 내용이 동원될 경우도 있는 것이다. 이때 'a_1, a_2, a_3·······'는 서로 대등한 관계에 있으므로 병립구조를 이룬다고 말한다.

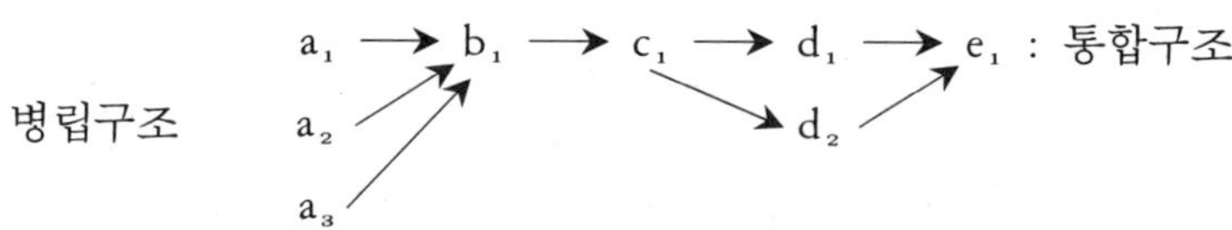

위의 그림에서 볼 수 있듯이, 통합구조는 내용 단위가 횡적·순차적으로 연결되는 구조를 뜻하고 병립구조는 각 내용이 대등한 것끼리 종적으로 배열되는 구조를 뜻한다.

> (가) 오늘 우리가 지도자와 정치인에게 바라는 지조는 이토록 삼엄한 것은 아니다. 다만 당신들 뒤에는 당신들을 주시하는 국민이 있다는 것을 잊지 말고 자기의 위의와 정치적 생명을 위하여 적막을 받을지언정 만고에 처량한 이름이 되지말라는 채근담(採根譚)의 구절을 보내고 싶은 심정이란 것이다. 끝까지 견딜 힘도 없으면서 뜻있는 야당(野黨)의 투사를 가장함으로써 권력의 미끼를 기다리다가 후딱 넘어가는 교지(狡智)를 버리라는 말이다. 욕인(辱人)으로 출세의 바탕을 삼고 항거로써 최대의 아첨을 일삼는 본색을 탄로시키지 말라는 것이다. 이러한 충언의 근원을 캐면 그 바닥에는 변절하지 말라. 지조의 힘을 기르란 뜻이 깃들어 있다.
>
> (나) 변절(變節)이란 무엇인가? 절개를 바꾸는 것, 자기가 진심으로 이미 신념화하고 표방했던 자리에서 방향을 바꾸는 것이다. 그러나 사람이 철이 들어서 세워 놓은 주체(主體)의 자세를 뒤집는 것은 모두 다 넓은 의미의 변절이다. 그러나

사람들이 욕하는 변절은 개과천선(改過遷善)의 변절이 아니고 좋고 바른 데서 나쁜 방향으로 바꾸는 변절을 변절이라 한다.

(다) 일제(日帝) 때 경찰에 관계하다 독립운동(獨立運動)으로 바꾼 이가 있거니와 그런 분을 변절이라고 욕하지 않았다. 그러나 독립운동(獨立運動)을 하다가 친일파(親日派)로 전향한 이는 변절자로 욕하였다. 권력에 붙어 벼슬을 하다가 야당이 된 이도 있다. 지조에 있어 완전히 깨끗하다고는 못 하겠지만 이들에게도 변절자의 비난은 돌아가지 않는다. 나머지 하나 협의(狹義)의 변절자, 비난 불신의 대상이 되는 변절자는 야당전선(野黨戰線)에서 이탈하여 권력에 몸을 파는 변절자이다. 우리는 이런 사람의 이름을 역역히 기억할 수 있다.

(라) 자기 신념으로 일관한 사람은 변절자가 아니다. 병자호란(丙子胡亂) 때 남한산성(南漢山城)의 치욕에 김상헌(金尙憲)의 찢은 항서(降書)를 도로 주워 모은 주화파(主和派) 최명길(崔鳴吉)은 당시 민족 정기의 맹렬한 공격을 받았으나 낙양(洛陽)의 감옥에 김상헌(金尙憲)과 같이 갇히어 오해를 풀었다는 일화는 널리 알려진 얘기다.

(마) 최명길(崔鳴吉)은 변절의 사(士)가 아니요 남다른 신념이 한층 강했던 이였음을 알 수 있다. 또 누가 박중양(朴重陽), 문명기(文明琦) 등 허다한 친일파(親日派)를 변절자라고 욕했는가. 그 사람들은 변절의 비난 이하의 더러운 친일파(親日派)로 타기(唾棄)되기는 하였지만 변절자는 아니다.

(바) 민족 전체의 일을 위하여 몸소 치욕을 무릅쓴 업적이 있을 때는 변절자로 욕하지 않는다. 앞에 든 최명길(崔鳴吉)도 그런 범주에 들거니와 일제말기(日帝末期) 말살되는 국어(國語)의 명맥(命脈)을 붙들고 살렸을 뿐 아니라 국내(國內)에서 민족해방(民族解放)의 날을 위한 유일한 준비가 되었던 「맞춤법 통일안」, 「표준말 모음」, 「큰 사전」을 편찬한 '조선어학회'가 국력총력연맹(國力總力聯盟) 조선어학회지부(朝鮮語

學會支部)의 간판을 붙인 것을 욕하는 사람은 없었다.

(사) 아무런 하는 일이 없었다면 그 간판은 족(足)히 변절의 비난을 받고도 남음이 있었을 것이다. 이런 의미에서 좌옹(佐翁), 고우(古愚), 육당(六當), 춘원(春園) 등 잊을 수 없는 업적을 지닌 이들의 일제말(日帝末)의 대일협력(對日協力)의 이름은 그 변신(變身)을 통한 아무런 성과도 없었기 때문에 애석하나마 변절의 누명을 씻을 수 없었다. 그분들의 이름이 너무나 컸기 때문에 그에 대한 실망이 컸던 것은 우리의 기억이 잘 알고 있다. 그 때문에 이분들은 '반민특위'(反民特委)에 불리었고 거기서 그들의 허물을 벗겨 주지 않았던가. 아무것도 못하고 누명만 쓸 바에는 무위(無爲)한 채로 민족정기(民族正氣)의 사표(辭表)가 됨만 같지 못한 것이다.

(아) 변절자에게는 저마다 그럴 듯한 구실이 있다. 첫째, 좀 크다는 사람들은 말하기를, 백이숙제(百夷叔齊)는 나도 될 수 있다. 나만 깨끗이 굶어 죽으면 민족(民族)은 어찌느냐가 그것이다. 범의 굴에 들어가야 범을 잡는다 투의 이론이요, 그 다음이 바깥에선 아무 일도 안 되니 들어가 싸운다는 것이요, 가장 하치가 에라 권력에 붙어 이권이나 얻고 가족이나 고생시키지 말아야겠다는 것이다. 굶어 죽기가 쉽다거나, 들어가 싸운다거나, 바람이 났거나 간에 그 구실을 뒷받침할 만한 일을 획책(劃策)도 한 번 못해 봤다면 그건 변절의 낙인밖에 얻을 것이 없는 것이다.

〈趙東卓 : 志操論〉

2) 선조적 구조와 퇴적적 구조

통합구조는 글을 이끌고 나아가는 가장 기본적인 뼈대라 할 수 있다. 그런데 통합되는 방법에는 여러 가지 방법이 있을 수 있지만 다음의 두 가지가 흔히 이용된다. 선조적 구조와 퇴적적 구조가 그것이다. 선조적 구조는 내용을 순차적으로 이어 나가되 연결 방식이

선으로 이어지는 구조를 뜻한다. 반면에 퇴적적 구조는 내용을 하나씩 하나씩 덧붙여 나아가면서 쌓여지게 하는 구조를 뜻한다.

고대 소설이나 판소리 사설의 구조는 대개 선조적인 것이다.

(1) 행복—고난—행복—고난—행복—고난—……—고난—행복

(2) 이완—긴장—이완—긴장—이완—긴장—……—긴장—이완

고대 소설의 주인공이 겪는 생(生)의 과정은 대개 (1)과 같다. 즉 태어날 때에는 명문(名門)의 혈통을 타고 태어났다가(행복) 곧바로 집에서 쫓겨나거나 기아(棄兒)가 된다(고난). 이러한 '행복—고난'의 과정이 반복되다가 결국에는 입신출세하여 해피엔딩(happy ending)으로 끝난다.

이러한 선조적 구조와는 달리 퇴적적 구조는 앞에서 얘기된 내용에 새로운 내용을 덧붙여 점점 그 내용이 퇴적되게 하는 구조를 말한다.

(가) 문법(文法) 연구에 종사하는 사람들에게 있어, 문학의 언어, 특히 시의 언어는 불가근불가원(不可近不可遠)의 이물(異物)처럼 다루어지는 일이 적지 않다. 모처럼 어떤 언어 질서를 그 안에서 발견하였다 하더라도, 그것이 그 언어 전체에 통용되는 보편적 질서(普遍的 秩序)인지, 시의 세계에만 허용되는 특수한 질서인지, 또는 더 나아가 특정한 개인이 그 작품에서 기도하고 있는 특이한 질서인지 연구자는 자기의 발견 내용에 대해서 곧바로 단정하기 어려운 때가 많기 때문이다. 따라서 교조적(敎條的)인 사고(思考)에만 지배될 때 시의 언어에서 발견되는 예들이란, 문법 규칙들에 대한 증시(證示)도, 또한 반증(反證)도 될 수 없는 것으로 생각케 된다.

(나) 그러나 문학은 인간의 언어 생활에 있어 가장 중요한 분야의 하나이며, 시는 언어적 측면에서 보아 가장 승화(昇

華)된 문학의 양식임을 인정하지 않을 수 없는 이상, 그리고 언어학은 은어(隱語)나 방언(方言)에까지 이르는 모든 언어현상에 대한 연구에 관여해야 한다는 당위론(當爲論)이 좀더 적극적인 탐구의 대상이 되어야 한다고 필자는 믿는다.

(다) 물론 어학도의 문학 작품 연구는 문학도의 문학 연구와는 거리를 가지는 것이 사실이다. 어학도의 일차적 목표는 문학이라는 특수한 목적하에 영위되는 언어 현상에 내재(內在)하는 질서의 규명에 있다. 예컨대 시에 있어서, 또는 시의 어느 특수 장르에 있어서 언어의 일반적 질서에 어떠한 제약이 더 가해지는가, 또는 어떠한 기존제약(旣存制約)이 면제되는가, 그리고 한 시인 또는 그의 한 작품에서 다시 어떠한 제약이 주어지며 또는 제거(除去)되는가에 관심을 가지는 것이다. 이 상이(相異)한 차원의 세 언어 질서를 필자는 다음과 같이 도시한다.

$$G_1 \longrightarrow G_2 \longrightarrow G_3$$

$$G_2 = G_1 + \alpha$$

$$G_3 = G_2 + \alpha'$$

(라) 여기서 G_1은 그 사회의 일반적 언어 질서(=문법)를 가리키며, G_2는 시의 문법(또는 특정한 그 하위 장르의 문법), G_3는 한 작가 내지 작품이 지니는 특수한 언어 질서이고, α와 α'는 각각 G_1, G_2에 대한 규칙(規則)의 추가 또는 기준의 규칙에 대한 면제(免除)를 의미한다. 따라서 어학도가 시의 언어에 대하여 발언할 때에는 자기의 입론(立論)이 G_1, G_2, G_3의 어느 차원에 관계된 것인가를 분간하고 들어가는 것이 매우 중요하며, 그 차원을 식별치 않거나 혼동했을 때에는 걷잡을 수 없는 논리적 파탄을 초래할 우려마저 있다.

〈金完鎭 : 文學作品의 解釋과 方法〉

Ⅲ. 작문의 절차

글을 쓴다는 작업은 화학자가 실험실에서 여러 가지의 물질을 배합하거나 혹은 분리하여 새 물질을 얻는 일과 유사하다. 화학자가 새롭고 독창적인 물질을 발명하듯이, 글쓰는 이는 여러 어휘를 조립하여 만인의 심금을 울리거나 새로운 지식을 요령있게 전달해야 한다. 사실상, 인류의 문화 유산은 글을 통해서 전해 내려왔다. 그리고 그러한 글들은 지금까지도 인류에게 정신적인 양식을 제공하고 있는 셈이다.

글쓰는 것은 또한 채색된 유리창을 만드는 작업이다. 채색된 유리창의 제조방법을 알지 못하는 이들에게는 그것이 매우 어려운 것처럼 보인다. 그리고 어려운 일이란 유리창에 국한되지는 않는다. 우리가 보고 만지는 모든 것은 신비할 만큼 갖가지의 과정을 밟아서 창조된 것들이다. 글을 쓴다는 일도 어찌 생각하면 끝이 없을 만큼 어려운 것처럼 생각된다. 그러나 채색된 유리창을 만드는 원리나 공정을 알았을 때, 그것은 그다지 어려운 일은 되지 못한다. 더욱이 자신이 그러한 원리나 공정을 숙지하고 숙달했을 때에는 그것을 만드는 것처럼 쉬운 일이 없는 것처럼 생각될 것이다. 글도 이와 같다. 학생들이 좋은 글을 읽고, 글 쓰는 법을 숙지하고 계속해 훈련

한다면, 글쓰는 작업이 난해하지만은 않다는 것을 저절로 깨닫게 될 것이다.

좋은 글을 쓰기 위해서는 첫째로 어휘에 대해 풍부하게 알아야 한다. 특히, 대학은 학문을 전문적이고 체계적으로 탐구하는 전당이다. 따라서 학술용어를 정확하게 알지 못하면 글을 쓸 수가 없다. 예를 들어 우리는 교양과목에서 이성·오성·계급·계층·집단·현상·현실·실존·본질과 같은 서로 유사하면서도 깊이 들어가면 내포 의미가 다른 단어들에 마주치게 된다. 이때 이들 개념들이 지닌 정확한 뜻을 알지 못한다면 우리는 출입구에서 서성일 뿐, 안에는 들어가지 못한 꼴이 된다. 어휘력을 기르기 위해서는 우선 좋은 글을 많이 읽어야 한다. 그리고 감명을 받은 어구나 문장을 암기하는 습관을 기르도록 하자. 또한 글을 쓸 때에는 항상 사전을 옆에 두고 이용하는 습관을 기르도록 하자.

둘째로, 올바른 문장을 쓰는 법을 알아야 한다. 쓴다는 작업은 이야기하는 것과 마찬가지로 자신의 사상과 감정을 통일하고 정리하는 작업이다. 한편, 말을 할 때에는 몸짓이라든가 표정을 통해 자신의 생각이나 느낌을 듣는 이에게 거의 완벽하게 전달할 수 있다. 그러나 글은 면전에서 주고 받는 이야기와는 다르다. 올바른 문장, 문법에 맞는 문장을 통해서만이 우리는 시간과 공간을 초월하여 자신의 사상이나 정서를 정확하게 전달할 수 있다. 따라서 문법에 맞는 문장, 논리적으로 모순이 없는 문장을 쓸 줄 아는 기술을 익혀야 할 것이다.

세째로, 글은 자신을 드러내야 한다. 글을 통해서 우리는 자신을 개인으로서 인식하게 된다. 데카르트가 '나는 생각한다. 그러므로 존재한다'라고 했을 때, 그는 이미 언어를 통해서 생각하고 그럼으로써 존재하는 것이다. 그래서 학생들은 자신만의 것 자기만의 것을 드러내는 글을 지어야 한다. 모든 사람이 생각한 것이나 느낀 것

즉, 상투화된 내용과 느낌을 담은 글을 썼을 때, 그것은 종이 쓰레기를 하나 더 만든 데에 불과하다. 매스·메디아가 발달한 현대에 있어서 우리의 사고와 느낌은 대중화되고 일반화됨으로써 개인적인 특성이 사라지고 있는 실정이다. 이럴수록 우리는 더욱 자신의 존엄성과 가치를 탐구해야 할 것이다. 글을 쓸 때에는 자신만이 지닌 독창적인 생각 혹은 느낌인가를 생각해 보자. 이러한 노력이 처음에는 매우 힘들고 어렵겠지만 계속해서 탐구한다면, 좋은 글은 반드시 창조되기 마련이다.

네째로, 풍부한 체험이 요구된다. 우리는 자신이 생각하는 것보다 훨씬 풍부한 체험을 지니고 있다. 사람들·장소·직업·바둑·장기·축구·농구·가정생활·우정·영화·문학·음악·고통·즐거움 등을 직접 체험을 통해 알고 있다. 또한 우리는 고조선 사회·조선의 경제, 3·1운동의 성격 등을 책을 통해서 간접적으로 체험하고 있다. 즉, 여러분의 체험은 자신이 생각한 것보다도 훨씬 풍부하다. 넓고 풍부한 체험은 좋은 글을 쓸 수 있는 바탕이 된다. 견문을 넓혀야 독창성이 깃들고 자신만의 개성이 드러난 글을 쓸 수 있다.

끝으로, 넓게 읽고, 많이 쓰고, 오래 생각해야 한다. 옛부터 좋은 글을 쓰는 요건으로 多讀, 多作, 多商量이 꼽혀지고 있다. 좋은 글에 대한 관심, 그리고 좋은 글을 창조해내겠다는 욕망과 의지를 가지고 노력을 계속한다면 아름답게 채색된 유리창과 같은 글을 쓰게 될 것이다.

앞에서 살핀 전제조건이 어느 정도 이루어졌을 때 우리는 좋은 글을 쓸 수 있을 것이다. 여러분들은 사실상 이러한 구비조건을 어느 정도 갖추고 있다. 문제는 어떻게 글쓰는 작업을 시작하느냐에 있다. 작문의 절차에는 일정한 규범이란 없다. 그러나 훈련과정에서는 다음과 같은 단계를 설정하고, 이에 따라 익히면 유익하다.

1. 主題의 設定
2. 取材와 그 整理
3. 構　　想
4. 執　　筆
5. 推　　敲

1. 주제의 설정

1) 가주제와 참주제

대학생활에는 때때로 이미 정해진 주제에 따라 글을 쓸 경우가 있다. 혹은 일련의 주제 안에서 각자가 좋아하는 것을 택할 수도 있다. 글을 쓸 때 가장 먼저 부딪치는 것은 주제의 설정이라는 문제이다.

主題란, 우리가 글을 쓰고자 할 때, 그 글의 중심적인 사상이나 정서, 글쓰는 이가 말하고자 하는 참된 의도를 말한다. 가령 이 글은 '민주주의'에 대해 썼다, 혹은 이 글은 '우정'에 대해 썼다라고 했을 때, '민주주의'나 '우정'이 바로 主題이다. 이와 같이 주제를 막연한 주제 즉, 이야기하는 소재로서의 주된 題材라 한다. 글을 쓸 때 '내가 무엇을 쓰겠다'에서 무엇이 곧 막연한 주제이다.

그러나 민주주의, 사랑, 국민교육과 같은 막연한 주제를 가지고는 글을 시작할 엄두를 내지 못한다. 이때 우리는 막연한 주제에 대하여 일정한 태도나 가치평가를 끌어들여야 한다. 이를 참주제 혹은 발전된 주제라 한다. 글을 쓰는 것은 바로 이러한 참주제를 설정했을 때 가능하다. 이것은 글쓴이가 표출하고자 하는 구체적인 사상이나 정서, 인생관, 세계관과 관련된다. 막연한 주제에서 참주제에 이르는 단계는 다음과 같다. 가령, 철학 → 철학과 현실과의 관계, 한글맞춤법 → 한글맞춤법의 원리, 한국사 → 한국사의 보편성과 특수성, 학문 → 학문의 본질과 목적 등을 설정할 수 있을 것이다.

그러면 주제를 어떻게 고를 것인가. 이를 고르는 방법은 여러 가지가 있을 수 있겠으나 다음 사항은 반드시 고려되어야 한다.

첫째, 주제는 되도록 좁아야 한다.

둘째, 글쓴이가 관심을 가지고 있으며, 또 잘 알고 있는 것을 고른다.

세째, 독자에게도 흥미와 관심을 불러 일으켜야 한다.

맨 먼저, 주제의 한정 문제이다. 주제가 넓으면 넓을수록, 이것들은 참된 주제가 되기는 어렵다. 학생들의 글을 검토해 보면 주제를 설정하는데 그 대상이 너무 광범함으로써 좋은 글을 쓰지 못하는 경우가 있다. '인생' '대학생활' '사랑' '도덕' '애국심' 이러한 것들은 얼핏 생각하기에는 주제처럼 보이나 실상은 막연한 주제밖에는 되지 못한다. 사랑을 참된 주제로 발전시키기 위해서는 '사랑에 나타난 남녀간의 이기심' '사랑의 유형과 방법' '현대인의 사랑의 종류'와 같이 범위가 좁고 구체적이 되어야 한다. 글 속의 주제는 언제나 이처럼 「주제의 주제」라고 생각되는 것이 되도록 유의해야 한다. 그래서 막연한 주제 또는 假主題와 참주제 혹은 발전된 주제와는 구분이 되어야 한다. 참주제에 이르기 위해서는 막연한 주제를 보는 글쓴이의 구체적인 관점이나 태도를 드러내야 한다. 때때로 분량이 제한된 글을 쓸 때에는 그 분량에 맞게 주제를 가능한 한 좁게 잡아야 함은 물론이다.

둘째로, 글을 쓸 때에는 자신이 잘 알고 있는가를 생각해야 한다. 자신이 그다지 잘 알지도 못하고 관심을 두지도 않았던 것을 주제로 선택한다면 그 글은 아무리 좋은 문장으로 되어 있어도 생명이 깃든 것은 못된다. 아래의 글은 글쓴이가 잘 알고, 관심을 가졌을 때 좋은 글이 될 수 있다는 사실을 여실히 보여주는 예이다.

例) 아냐, 이 피를 까마귀가 먹으면 네가 죽어

국민학교 들어가기 전 일년을 시골 외가댁 작은 마을에서 보낸 적이 있다. 그곳에서의 한 여름, 사람들은 더위를 잊고자 하는 생각으로, 같은 또래끼리 천렵을 가곤 했다.

우리들도 몇몇이 제법 치밀한 계획을 세워 멀리 떨어진 곳으로 나가 호박, 고추 등으로 찌개도 끓이고 밥도 했다. 설익은 밥과 야릇한 맛의 찌개를 좋아라 먹은 후, 날씨가 더워 모두 옷을 벗고 강물로 뛰어들었다. 강강술래를 하며 자맥질도 하고 재미있게 놀고 있는데 발에 이상하게 섬뜩한 느낌이 들었다. 버려진 사금파리에 발이 베었던 것이다. 당황한 몇 애들이 옷을 가져 오고, 어쩔 줄 모르며 손을 붙잡았다.

"나좀, ……누구 좀 불러줘"

"아냐."

한쪽발로 뛰는 내 뒤에서 애들이 떨어진 피를 열심히 모래로 덮고 있었다.

"빨리"

"아냐, 이 피를 까마귀가 먹으면 네가 죽어."

나를 붙들고 있던 애들조차도 끄덕이며 함께 참여했고 부근에서 밭을 매던 아주머니가 심상치 않음을 짐작했던지 달려와서 업고 집으로 가, 된장을 한움큼 발라 처매준 덕택으로 피는 멎었지만, 며칠을 고생해야 했다.

빗속에 뿌옇게 보이던 앞산, 바위에 낀 파르스름한, 독특한 냄새를 풍기던 이끼, 모닥불 연기 냄새, 강물에서 눈을 뜨고 느끼던 막연한 상념, 그리고 여물 끓일 때 나는 그리운 냄새와 함께, 나를 걱정해서 열심히 피를 모래로 덮어주던 고마운 친구들의 모습은 지금도 내 안에서 흐르고 있다.

또 하나 유의할 점은 글을 쓸 때 지나치게 욕심을 내는 경우이다. 글쓴이는 자기의 글이 심오하고 깊은 주제를 내보이려고 하는 욕심을 갖게 마련이다. 예를 들면, 애국심, 정의, 대학교육, 민주사회 등을 주제로 하고 싶어 한다. 이들 주제는 얼핏 보기에는 매우 매력적이고 가치 있는 것처럼 보일지 모른다. 그러나 막상 글을 시작하려면 이와 같은 주제를 가지고 글을 쓴다는 것이 매우 벅차다는 것을 깨닫게 된다. 이러한 주제의 설정은 대부분 실패한 글을 만든다. 주제가 일반적이고 추상적일수록 쓰기는 매우 어렵다. 그리고 어휘가 난해하고 추상으로 흐리기 쉬워서 문맥이 모호하거나 부적절해지는 경우가 많다. 또한 이러한 주제를 설정하여 독창적이며 새로운 것을 창조하기란 더욱이 어렵다. 왜냐하면 그와 같은 주제의 설정은 그것들에 대해 태도나 가치지향이 이미 정해져 있기 때문이다.

세째로, 글쓴이가 택한 주제가 독자의 관심이나 흥미를 끌지 못한다면, 그것은 이미 죽은 주제나 다름 없다. 물론 글을 쓰는 사람들 중에는 백 년 후 아니면 몇 세기 뒤를 내다보는 이도 있다. 당대의 독자보다는 미래 독자의 관심과 흥미에 초점을 맞춘다는 점에서 이들 역시 독자의 관심과 흥미를 무시한 것은 아니다. 독자에게 재미있는 것이 어떤 것인가에 대해 걱정할 필요는 없다. 자신에게 재미있는 것은 남에게도 재미있는 것이 될 수 있다. 한편, 독자의 관심을 불러 일으키기 위해서는 자명한 것보다는 논쟁을 포함한 주제를 담는 경우도 있다.

2) 주제문(主題文)

참주제가 완성되면 거기에 맞는 주제문을 써 보아야 한다. 주제문이란 참주제를 두고 서술된 하나의 명제이다. 예를 들면, '학문의 본질과 목적'이라는 참주제를 설정했을 때, 그 주제문은 '학문의 본질은 합리성과 실증성에 있고, 학문의 목적은 진리탐구에 있다' 정도로 생각해 볼 수 있다. 주제문의 성립 여건은 다음과 같다.

첫째, 표현이 완전한 문장(의문문은 안됨)으로 진술되어야 한다.

둘째, 표현이 정확하고 구체적이어야 한다.

세째, 초점을 주제의 한정된 국면에 맞추어야 한다.

네째, 글쓴이의 의견이나 태도가 분명히 드러나야 한다.

다섯째, 누구나 다 알고 있는 자명한 이치나 의견이어서는 안 된다.

여섯째, 감정에 의해서가 아니라 근거에 의해 증명될 수 있는 것이어야 한다.

2. 취재와 그 정리

일단 주제가 정해졌을 때에는, 그 주제를 구체적으로 전개시킬 수 있는 제재(題材)를 구해야만 한다. 제재란 주제를 살리기 위한 얘기거리 즉 소재를 뜻한다. 만약에 주제가 명확하게 파악되었다 하더라도 그 주제를 전개시켜야 할 제재가 발견되지 않는다면 우리는 아무리 좋은 글을 쓰고 싶어도 쓸 수 없게 된다. 이럴 때에는 그 주제에 관련이 있을 것으로 보이는 서적, 잡지, 신문 등에서 정보를 얻는다든가, 필요한 경우에는 자신이 직접 체험해 보는 일이 필요하다.

素材와 題材는 엄밀한 의미에서 구분되어야 한다. 소재는 글을 이루는 재료가 된다면 제재는 소재 중에서도 주제를 밑받침하는 소재이다. 우리는 한 편의 글에서도 많은 소재를 대하게 된다. 이러한 소재 중에서 주제를 정확하게 효율적으로 전달하는 소재를 제재라고 생각하면 쉽게 이 둘 사이를 구분할 수가 있을 것이다. 제재는 무엇보다도 주제를 명확하고도 효율적으로 독자에게 전달해 주는 것이므로, 첫째, 풍부하고 다양해야 한다. 둘째, 확실한 것이어야 한다. 세째, 주제를 뒷받침해주는 것이어야 한다는 요건을 갖추고 있어야 한다.

첫째로, 제재가 풍부하고 다양할수록 주제는 더욱 선명하게 부각될 수 있다. 그래서 우리들은 자신이 그 제재에 관해서 충분한 경험과 풍부한 정보를 가지고 그것을 표현해야 한다. 한편 다양하고 풍부한 자료는 자칫 작품의 통일성을 해치기 쉽다. 주제를 결정하고 거기에 알맞은 제재를 선택하여 가장 적절한 배열을 하려 할 때, 거기서 어떤 통일성을 발견하지 못한다면, 그것은 글로서 성공한 것이라 할 수가 없을 것이다. 제재가 아무리 풍부하고 다양할지라도 제재 사이에 질서정연한 논리가 배제된다면 그 글은 주제의 혼돈 상태에 빠져 버리고 만다.

둘째, 확실한 자료를 얻기 위해서는 출처가 명백하고, 아울러 모호함이 없을 것, 합리적이며 보편타당하게 받아들여질 수 있는 것, 논리적인 오류나 자의성(恣意性)이 內在하지 않은 것, 가능한 한 자신의 체험이나 지식으로 판단할 때 진실되다고 생각하는 것들을 선택하도록 노력해야 한다. 또한 자료의 해석에 있어서 자신의 주관이 지나치게 작용해서는 안 된다. 자료를 취사선택하는 데에는 공평무사한 태도를 가지고 임해야 한다.

세째, 주제를 뒷받침하기 위해서는 특히 정의, 설명, 해설, 실례, 통계, 인용, 비교 그리고 대조 등을 이용할 수 있다. 위에서 살핀 것처럼 제재는 소재 중에서도 주제를 뒷받침하는 소재를 의미한다. 따라서 소재가 아무리 풍부하고 다양하며 가치가 있을지라도 그것들이 주제와 관련되지 않을 때는 빼버리는 용기도 필요하다. 또한 주제를 뒷받침하기 위해서 자의(恣意)가 깃들인 자료를 인용해서는 안될 것이다. 보통 논설문이나 수필을 쓸 때에 우리는 많은 자료를 대하게 된다. 이때 어느 글 혹은 논문에서 자신의 사상과 일치하는 한 개의 문장이나 문맥을 인용하여 자신의 논지를 전개시켜서는 안 된다. 왜냐하면 전체로서의 글이란 부분들이 모여서 이루어졌으나 항상 부분의 총합보다는 크다는 사실을 명심해야 하기 때문이다. 가끔 학생들이 제출한 보고문에서의 인용에는 자신의 논지만 전개시키기 위하여 편협된 인용을 아무런 비판없이 그대로 이용하는 경우가 있다. 인용을 할 경우에는 반드시 인용되는 글의 전체 의미를 파악하고 난 후, 그러한 인용이 자신의 논지를 전개시키는데 꼭 필요한가는 검토해야 한다.

이상 세 가지 요건을 갖춘 제재가 모였으면 그 다음으로는 그것을 기술해 나갈 때 간편하도록 정리해 놓아야 한다. 정리의 방법은 제재의 내용과 중요성의 정도에 따라 각각 다르게 구분해야 한다.

①내용이 동일한 사항, 동일한 논점에 관한 것이냐 그렇지 않은 것이냐에 따라 구분하고,

②주요 사항, 주요 논점에 관한 것과 종속 사항, 종속 논점에 관한 것으로 분류해 두어야 한다.

기행문이나 보고문 혹은 조사기록 등에서는 소재가 먼저 생기고 문장 전체에 계획은 나중에 생기기 마련이지만, 논설문, 논문 등에 있어서는 계획이 먼저 서고, 그 계획을 따라 자료를 정리하는 수가 있다. 이런 경우에는 그 계획 자체가 자료의 정리상자 내지는 분류자가 되도록 감안하여 정리해야 할 것이다.

3. 구 상

주제를 드러내기 위해 제재가 모였으면 이제는 제재들을 통일성 있게 조직해야 된다. 구상이란 제재를 어떻게 배열할 것인가를 결정하고 문장 전체를 유기적으로 짜는 작업을 말한다. 즉, 구상은 논리성 혹은 필연성에 의한 문장의 조직과 배열이며, 이때 시간의 연속성에 의해서 조직된 것은 줄거리라고 말할 수 있다.

구상에 있어서 주제를 어떤 방식으로 제시하느냐 하는 문제는 대단히 중요하다. 구상을 할 때에 주의해야 할 세 가지 기본 원칙이 있다.

하나는 中, 둘은 要, 셋은 貫이라 하겠다. 「中」은 중심이 없는 산만한 글이 되지 않도록 한다는 말이고, 「要」는 씨가 먹지 않는 지리한 글이 안되게 한다는 것이요, 「貫」은 처음 쓰고자 했던 바를 글쓰는 중도에서 변경시키는 일이 없도록 일관한다는 말이다.

구상의 종류는 다음과 같이 분류한다.

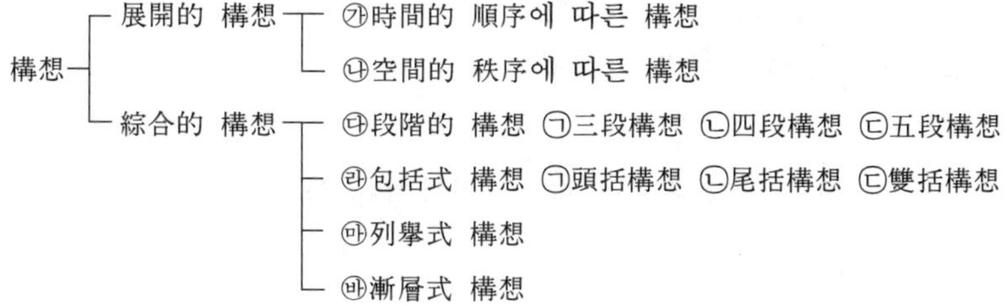

1) 구상의 종류

(1) 시간적 순서에 따른 구상

논리적인 구상이 원인에서 결과로, 증거에서 결론으로 귀결을 맺는데 비하여, 시간적 구상은 여러 개의 사건이나 사실들을 시간의 축을 이용하여 배열하는 방식이다. 우리가 흔히 마주치는 글에는 의외로 시간을 중심으로 한 사건 기술이 많다. 예를 들어, 복잡한 소설의 심층에는 시간의 문제가 놓여 있는 경우가 많다. 그래서 시간은 모든 서술의 기본적 축이다. 이것은 사건의 시간적 순서에 따라 제재를 배열하고 그것으로써 문장의 구조를 삼는다. 이 방법은 장기간의 직접체험이나 기억을 재생하는데 적합한 것이다. 일기, 역사의 기술, 행동의 기록(체류기, 체험기, 회고록), 회의의 경과 등을 기록할 때 유용하다. 그리고 「……의 사용방법」 「……의 제작법」 등의 설명문에도 원용된다.

이 방법을 사용하는 데에는 다음과 같은 시간을 지칭하는 어사들이 있다.

그로부터	후에	전에	다음날
언제	시작하자마자	하는 동안에	그때에

한편, 이 구상법은 문장에 액센트가 없기 쉬워 이른바 문장의 인상 내지는 호소력이 매우 희박해지기 마련인 결점과 자칫 잘못하면 단위 사건 하나 하나가 사건 전체의 맥락 속에 파악되지 못한다는 결함을 지니고 있으므로 이 점을 유의하여야 한다.

(2) 공간적 질서에 따른 구상

공간의 질서는 시간의 순서와 마찬가지로 우리가 살고 있는 세계를 지각하는 방법의 하나이다. 눈을 이동했을 때, 우리는 공간적인 질서—왼쪽에서 오른쪽으로, 가까운 데에서 먼 데로—를 깨닫게 된다. 그것의 가장 간단한 형태는 눈이 하나의 사물에서 다른 사물로 이

동하는 것이다. 이러한 방법이 발전되었을 때 우리는 공간적 질서에 따른 보다 미묘하고 복잡한 유형을 보게 된다. 다음은 공간적 질서에 따른 구상의 뛰어난 기술을 보인 채만식의 「濁流」의 일부분이다.

蔡萬植 「濁流」

〈人間記念物〉

금강(錦江)……

이 강은 지도를 펴놓고 앉아 가만히 들여다보노라면, 물줄기가 중뜽께서 남북으로 납작하니 째져가지고는 (한강[漢江]이나 영산강[榮山江]도 그렇기는 하지만) 그것이 아주 재미있게 벌어져 있음을 알 수 있다. 한번 비행기라도 타고 강줄기를 따라가면서 내려다보면 또한 그럼직한 것이다.

저 험준한 소백산맥(小白山脈)이 제주도(濟州道)를 건너보고 뜀을 뛸 듯이, 전라도의 뒷덜미를 급하게 달리다가 우뚝…… 또한번 우뚝, 높이 솟구친 갈재(蘆嶺)와 지리산(智異山) 두 산의 산협물을 받아가지고 장수(長水)로 진안(鎭安)으로 무주(茂州)로 이렇게 역류하는 게 금강의 남쪽 줄기다. 그 놈의 영동(永同) 근처에서는 다시 추풍령(秋風嶺)과 속리산(俗離山)의 물까지 받으면서 서북(西北)으로 좌향을 돌려 충청좌우도(忠淸左右道)의 접경을 흘러간다.

그리고 북쪽 줄기는 좀 단순해서, 차령산맥(車嶺山脈)이 꼬리를 감추려고 하는 경기(京畿) 충청(忠情)의 접경 진천(鎭川) 근처에서 청주(淸州)를 바라보고 가느다랗게 흘러 내려오다가 조치원(鳥致院)을 지나면 거기서 비로소 오래 두고 서로 찾던 남쪽 줄기와 마주 만난다.

이렇게 어렵사리 서로 만나 한데 합수진 한 줄기 물은 게서부터 고개를 서남으로 돌려 공주(公州)를 끼고 계룡산(鷄龍山)을 바라보면서 우줄거리고 부여(扶餘)로……부여를 한바퀴 휘돌려다가는 급히 남으로 꺾어 단숨에 논뫼 강경이(論山, 江景)까지 들이 닫는다.

여기까지 백마강(白馬江)이라고, 이를테면 금강의 색동이다. 여자로 치면 흐린 세대에 찌들지 안한 처녀적이라고 하겠다.

백마강은 공주 곰나무(熊津)에서부터 시작하여 백제(百濟) 홍망의 꿈 자취를 더듬어 흐른다. 풍월도 좋거니와 물도 맑다.

그러나 그것도 부여 전후가 한참이지, 강경에 다다르면 장꾼들의 홍정하는 소리와 생선 비린내에 고요하던 수면의 꿈은 깨어진다. 물은 탁하다.

예서부터가 옳게 금강이다. 향은 서서남(西西南)으로 밋밋이 충청 전라 양도의 접경을 골타고 흐른다.

이로부터서 물은 조수(潮水)까지 섭슬러 더욱 흐리나 그득하니 벅차고, 강 넓이가 훨씬 퍼진 게 제법 양양하다.

이름난 강경벌은 이 물로 해서 아무 때고 갈증을 잊고 촉촉하다.

낙동강이니 한강이니 하는 다른 강들처럼 해마다 무서운 물난리를 휘몰아 때리지 안해서 좋다. 하기야 가끔 홍수가 나기도 하지만.

이렇게 에둘르고 휘돌아 멀리 흘러온 물이 마침내 황해(黃海)바다에다가 깨어진 꿈이고 무엇이고 탁류채 얼러 좌르르 쏟아져 버리면서 강은 다하고, 강은 다하는 남쪽 언덕으로 대처(大處=市街地) 하나가 올라앉았다.

이것이 군산(群山)이라는 항구요, 이야기는 예서부터 실마리가 풀린다. 정든 사람을 태우고 멀리 떠나는 배꽁무니에 물결만 남은 바다를 바라보면서 갈매기로 더불어 운다는 여인네의 그런 슬퍼도 달코롬한 이야기는 못된다.

벗어부치고 농사면 농사, 노동이면 노동을 해먹고 사는 사람들과 마찬가지로, <오늘>이 아득하기는 일반이로되 그런 사람들과는 또 달라 <명일(明日)>이 없는 사람들……이런 사람들은 어디고 수두룩해서 이곳에도 많이 있다.

정주사(丁主事)도 갈 데 없이 그런 사람이다.

정주사는 시방 미두장(米豆場=米穀取人所=期米市長) 앞 큰길 한복판에서 다 같은 <하바꾼>(節치기꾼)이로되 나이배 젊은 애숭이한테, 멱살을 당시랗게 따잡혀 가지고는 죽을 봉욕을 당하는 참이다.

시간은 오후 두시 반, 후장(後場)의 대판시세이절(大阪時勢二節)이 들어오고 나서요, 절기는 바로 오월 초생.

싸움은 퍽 단촐하다. 안면 있는 사람들이 없는 배는 아니지만, 누구 하나 나서서 말리지도 않는다.

지나가던 상점 심부름꾼 아이 하나가 자전거를 반만 내려서 오둑하니 바라보고 섰는 것이 그림의 첨경(添景)같이 더욱 호젓하다.

휘둘리는 정주사의 머리에서, 필경 낡은 맥고모자가 건뜻 떨어져 마침 부는 바람에 길바닥을 대그르르 굴러갔다. 미두장 정문앞 사람 무더기 속에서 웃음 소리가 와아 하고 터져 나온다.

미두장은 군산의 심장부요, 전주통(全主通)이나 본정통(本町通)이니 해안통(海岸通)이니 하는 폭넓은 길들은 대동맥이다. 이 대동맥 군데군데는 심장 가까이, 여러 은행들이 서로 호응하듯 옹위하고 있는 심장 바로 전후좌우에는 중매점(仲買店)들이 전화줄로 거미줄을 쳐놓고 앉아 있다.

정주사는 자리하고도 이런 자리에서 봉변을 당하는 참이다.

그러나 미두장 앞에서 일어난 싸움이란 빤히 속을 알쪼다. 그런 싸움은 하루에도 의례껀 한두 패씩은 얼러붙는다.

소위 <총을 놓았다>는 것인데, 밑천도 없이 안면만 여겨 돈을 걸지 않고 <하바>를 하다가 지고서 돈을 못내게 되면, 그래 내라거니 없다거니 하느라고 시비가 되어 툭탁 치고 받고 한다. 촌이라면 앞뒷집 수탉끼리 암컷 샘에 후두룩후두룩하는 닭싸움만치나 예삿일이다.

해서 아무리 이런 큰 길바닥에서 의관깨나 한 사람들끼리 멱살을 움켜잡고 얼러붙은 싸움이라도 그리 할 일이 없어서 심심한 사람이 아니면 별반 구경하는 사람도 없다.

다아 알고 지내는 같은 <하바꾼>들은 싸움을 뜯어 말리기커녕, 중매점 처마 밑으로 미두장 정문앞으로, 넌지시 비켜서서, 흰 머리가 희끗희끗 장근 오십의 중늙은이 정주사가 자식 뻘밖에 안되는 애숭이한테 그런 해괴를 당하는 것을 되뢰 고수우하다고 빈정거리기만 한다.

—밑천도 없어가지고 구성없이 덤벼들어, 남 골탕 먹이기 일쑤더니, 그저 잘꾸사니야!

—정주산지 고무래주산지 인제는 제발 시장 근처에 오지 말래요.

—저 영감 저러다가는 생죽엄하겠어!

—어쩌라구들 저래!

—두어두게. 제 일들 제가 알아서 할 테지. 때어가면 둘다 콩밥인걸. 정주사는 멱살을 잡은 애숭이 팔목에가 대롱대롱 매달려 발돋움을 친다. 목을 졸라서 얼굴빛이 검푸르게 죽고 숨이 막혀 캑캑 기침을 배앝는다.

또한 공간적 질서에 따른 구상 방법은 지세, 생물의 형태, 기계의 구조 등을 기술하거나 설명할 때 또는 기관이나 단체의 기구, 조직 등을 설명, 기술하는 경우에도 효과적이다. 일반적으로 공간속에 존재하는 것이거나 체계를 밝히는데 쓰인다. 실제에 있어서는 먼저 전체의 윤곽을 밝히고 점차로 각 부분이 그 전체와 어떻게 관련되어 있는가를 밝혀 나가야 한다. 여행안내서라든가 기행문 따위를 보면 위에 말한 두 가지 구상 즉, 시간적 순서에 따른 구상과 공간적 질서에 따른 구상이 서로 보완되어 있는 것을 발견한다. 시간과 공간은 항상 상보관계를 가지기 때문이다. 이들 전개적 구상은 사물의 모습을 있는 대로 헤아려 가는 것이어서 흔히 자연적 구상이라 부른다. 그에 반하여 종합적 구상은 쓰고자 하는 바를 인위적으로 논리를 세우는 것이므로 논리적 구상이라고 한다. 필자의 주체적 의지에 의해서 문장의 구조를 결정짓기 때문이다. 이 구상법은 주로 개괄, 설명하는 글이나 논술, 주장하는 글에 쓰인다. 소재를 검토하여 그들 각각의 논리적 관계가 뚜렷하게 드러나도록 배열하는 것이 종합적 구상에서 가장 중요하다.

(3) 단계식 구상

① 삼단구상

계단식 구상은 논리적 구상이라고도 한다. 논리란, 사전적 의미로, 이치를 생각하는 것을 뜻한다. 이치를 생각하는 한 가운데에는 사실과 사실의 관계를 특징지워주는 질서가 있다.

그래서 하나의 사실은 사실과 관련된다. 여기에서 우리는 원인과 결과, 증거와 결론을 생각해볼 수 있다. 논리적 사유에서는 반드시 이치를 따지는데 명료성이 요구된다. 자신이 주장하는 명제가 사실이나 객관에 토대를 두지 않았을 때는 오류에 빠지기 쉽다. 따라서 논리적 사유에서는 일반화나 유추, 판단에 있어서 오류가 없는지를 살펴보아야 한다.

단계식 구상에서 가장 간단한 형식이 삼단구상이다. 삼단구상은 옛부터 널리 쓰이던 방법이다. 서론－본론－결론이니, 도입－전개－정리니, 서(序)－파(破)－급(急) 등 삼분된 명칭으로 불려 왔다.

이 방법은 주제에 의해서 문장 전체를 긴밀하게 통제할 수 있다. 문장에 변화가 별로 없어서 비교적 단조롭다고 하겠으나, 주제를 재빨리 간결하게 전달하는 방법으로는 가장 손쉽고 기본적인 것이다. 결론이 제시되는 짧은 리포트를 작성하다든지, 말하기에 있어서도 원탁토의나 질의 등 간단한 언술(言述)에 퍽 효과적이다. 어린이나 지식수준이 낮은 대중에게 이론을 전개할 필요가 있을 때에는 삼단구상이 유리할 것이다.

삼단구성의 예

題材 : 술

主題文 : 술은 사람의 기억력을 감퇴시키고, 시간을 빼앗으며 질병을 일으키기도 한다.

Ⅰ. 序　論

Ⅱ. 술의 유해한 점

A. 精神面

1. 의지박약자의 道具化

2. 기억력의 감퇴

B. 生活面

1. 過用－시간낭비

2. 酒癖의 발생

3. 관련된 事務의 遲延

C. 生理面

1. 中毒의 우려

Ⅲ. 結　論

② 사단구상

원래 한시(漢詩)의 절구(絶句)나 율시(律詩)의 작법에서 유래된 것으로 소위 기승전결(起承轉結)로 사분된다. 삼단구상의 본론을 전개와 발전으로 양분하여 네 개의 부분으로 만들었다고 생각해도 된다. 圃隱의 <征歸怨>이란 七言絶句 두 수를 감상해 보자.

헤어진지 몇해던고 소식조차 드무오니
수자리 계신님이 무사한지 누가 아오
오늘에사 처음으로 핫옷꾸며 보내오니
떠나실 때 없던 자식 기특하게 보아주오

이별의 서글픔을 연문으로 수놓아서
포장하여 부치려니 정한이 새롭구료
길 떠나는 사람 중에 요동손이 행여 있나
매일매일 나루터에 맘조이며 나와보오

一別年多消息稀…………起	正
塞垣存沒有誰知…………承	反
今朝始寄寒衣去…………轉	合
泣送歸時在腹兒…………結	

織罷回文錦字新
題封寄遠恨無因
衆中恐有遼東客
每向津頭問路人

삼단구상처럼 中－要－貫에 충실하여 논리만을 생각하는 것이 아니라 변화도 추구하여 다채로운 효과를 노리는 구상법이다. 변화가 있으므로 흥미를 유발시키게 되며 전체의 統御를 이완시켰다가 응축시키는 멋이 있다. 「轉」의 부분에서 그 멋이 생기는데 실제의 문장에서는 「그러나」, 「그렇다고 하지만」, 「한편으로는」 등의 말로 시작된다. 그러므로 심하면 「起承」의 전반부 전부에 대하여 반전하는 수도 있게 된다. 「結」은 「起承」과 「轉」사이의 이러한 反轉의 관계를 지양, 통일시키는 이른바 변증법적 완성을 시도한다. 이때에 실패하면 그 문장은 혼돈에 빠지게 된다.

③ 오단구상

이것은 일종의 유도법(誘導法)이라 할 만한 것으로 독자로 하여금 사고의 기틀을 잡아서 그 사고를 발전시켜 나가다가 마침내는 소기의 행동에까지 이끌고 나아가는 방법이다. 광고, 보고, 설득, 논설

등의 문장에 쓰일 수 있겠으나 그렇게 자주 이용되는 구성법은 아니다. 이것을 삼단구상과 비교하면 다음과 같다.

序論 ┌ 第一段 : 話題에 주의를 모으는 단계
　　 └ 第二段 : 흥미를 느낀 독자가 제시된 문제에 이끌리는 단계
本論 ┌ 第三段 : 대두된 문제의 해결법을 제시하는 단계
　　 └ 第四段 : 해결법을 구체화하고 그 유효성을 실증하는 단계
結論－第五段 : 독자의 결심을 촉구하여 행동으로 유도하는 단계

(4) 포괄식 구상

문장의 결론에 해당하는 부분이 문두(文頭)에 오느냐, 문미(文尾)에 오느냐, 사례를 들고 논증이 한 부분의 앞뒤에 다 오느냐에 따라 두괄(頭括), 미괄(尾括), 쌍괄(雙括)로 나눈다. 두괄식 구상은 문장의 앞에 주제를 제시한 후에 그 주제에 대해서 차차로 세밀하게 설명하는 방법으로 바꾸어 말하면 결론이 앞서는 구상방법이다. 미괄식 구상은 두괄식과는 반대로 주제를 문장의 마지막에 총괄하는 방법이다. 이 방법은 논설문이나 평론에 흔히 쓰인다. 그리고 쌍괄식 구상은 주제를 문자의 앞과 뒤에 각각 제시하는 방법이다. 즉 도입에서 먼저 주제를 제시하고 다음에 설명이나 논증을 통해서 마지막에서 다시 주제를 총괄하는 방법이다.

(5) 열거식(列擧式) 구상

이 방법은 전통적인 단계식 구상과는 달리 파격적인 구조를 가진 것으로 이론이 정연한 장문의 글에서는 쓰기 어렵다. 의견을 간결하게 진술한다든가 중요하다고 생각되는 문제를 특별히 몇 가지 밝힐

때 사용된다. 문제와 문제 사이의 관련이 긴밀할 필요도 없고 논리적 연관성이 반드시 필요한 것도 아니다. 그런 의미에서 카탈로그식 구상이라고도 한다.

(6) 점층식(漸層式) 구상

중요성이 덜한 것에서부터 더한 것으로 점차 나아가는 방법인데 가장 강조되거나 중시되는 부문이 말미에 나온다. 이것 역시 전체 문장을 오직 이 방법에 의해서 써 나가기 어렵다. 대개 문학작품에서 이 방법이 잘 쓰인다.

2) 아우트라인 작성

구상을 머릿속에 완성시킨 뒤에는 그 구상을 도식화하여 메모를 작성한다. 이것을 구상메모의 작성 또는 아우트라인 작성이라고 한다. 아우트라인의 작성은 크게 두 가지가 소용이 된다. 그 하나는 글쓰는 이의 사고를 조직화 체계화하는데 도움을 준다. 따라서 글쓰는 이는 아우트라인에 따라 논리적으로 단락을 구성해 갈 수 있다. 또 하나는 독자로 하여금 글의 중심 내용과 구조를 파악하는데 도와준다는 점이다. 독자는 글의 목차를 보고, 그 글에서 다룬 대강의 내용이나 글쓴이의 태도, 다루는 방법 등을 파악할 수 있다.

아우트라인의 작성시에는 다음과 같이 문제의 단계, 논점의 대소 및 상사 등 주종관계에 따라서 부호 혹은 숫자를 첫머리에 붙인다. 이때 부호나 숫자는 보통 다음의 경우에 따른다.

Ⅰ. ·········
　A. ··········
　　1. ·············
　　　a. ············
　　　b. ··············
　　2. ··············
　　　a. ············
　　　b. ···········
　B. ··············
　　1. ············
　　　a. ············
　　　b. ···········
　　2. ·············
Ⅱ. ············
　A. ············

여기에서 Ⅰ.Ⅱ을 대항목이라고 하고, A.B를 중항목, 1.2를 소항목, a.b를 세목이라 한다. 만일 세목이 보다 세분될 때는 다른 기호를 써야 할 것이다. 대항목에서 세목에 이르는 일반적인 기호는 다음과 같다. Ⅰ.A. 1. a. 1) a) (1) (a) ① ⓐ 등으로 된다. 이러한 도식화에는 반드시 논점이 중요한 것인가 부수되는 것인가를 살펴야 한다.

가령, 다음과 같은 글을 보면, 이 글은 쓰기 전에 명확한 아우트라인이 작성되어 있어 그것에 따라 이루어진 것임을 쉽게 알 수 있다.

> (1) 해마다 봄철 꽃때가 되면 으레 머리에 떠오는 것은 '年年歲歲花相似 歲歲年年人不同'이라는 옛 詩의 感傷이다. 今年에도 내집 2層 발코니에서 昌慶苑 벚꽃과 꽃밭에 모여든 求景군들을 바라보며 나는 이 句節을 생각한 것이었다. 딴은 벚꽃은 올해도 昨年이나 다름없이 피었건만 사람은 한번 가면 다시 못 오는 것이 事實이다. 昨年 꽃 時節 사이에 내가

잃어버린 親知들만 해도 한 두 사람이 아닌 것이다.

(2) 그러나 가만이 생각해 보면 꽃을 보고 人生의 無常을 슬퍼하는 것은 사람의 立場이요, 꽃은 꽃대로 꽃의 無常을 슬퍼하고 사람의 不變을 부러워할 것만 같다. 벚꽃의 壽命은 不過 四日이지만, 사람은 올해 꽃 求景갔던 사람이 來年에도 또 꽃 구경을 가겠기에 하는 말이다.

(3) 꽃의 短命과는 反對로 長壽의 標本으로 알려진 것은 거북인데 우리나라에서 잡았다는 '端龜'는 나는 아직 못보았으나 再昨年 여름 잠간 獨逸에 들렸을 때 프랑크프루트 動物園에서 본 큰 거북은 몇 百年을 묵은 놈인지 몇 千年을 묵은 놈인지는 몰라도 미상불 長壽의 표본같이 보였다. 일부러 한참 동안 울타리 앞에 서서 그놈이 움직이기를 기다렸으나 거북은 끝내 微動도 안 하였다. 오래 살려면 저렇게 해야하는 것이로구나 하는 感歎의 念이 저절로 드는 것이었다.

(4) 그러나 이러한 생각도 또 사람의 立場에서 하는 것이요 거북의 생각은 또 다를 것 같다. 몇 時間만에 한번 또는 며칠만에 한번 눈을 떠보면 울 밖에는 언제나 사람이 서 있고 그런 狀態는 오늘도 來日도 봄에도 겨울에도 一年後 百年後 千年後에도 또한 같을 것이므로 거북은 거북대로 눈을 감고서 '年年歲歲人相似 歲歲年年龜不同'의 感傷에 잠겨 있을지도 모르는 일이다.

(5) 참으로 世上 일은 보는 사람의 立場을 따라 이렇게도 저렇게도 보이는 것이다. 옛날에 프로타고라스는 사람은 '萬物의 尺度'라고 말하였다. 하지만 내가 보기에는 '自己는 萬物의 尺度'인 것 같다하여 눈 앞의 名利만을 追求하는 대신 萬一 사람이 남의 立場과 事物의 客觀的 眞相을 洞察하는 雅量을 가질 수 있다 하면 人間의 鬪爭은 거의 全部 자취를 감추게 되지 아니할까, 個人間의 싸움도, 黨派間 싸움도, 國家間의 戰爭까지도.

이상의 글은 다음과 같은 아우트라인에 의하여 씌여진 것이라 할 수 있다.

題 材 : 꽃과 거북

主題文 : 남의 立場과 事物의 客觀的 眞相을 洞察하는 雅量을 가질 수 있다면 人間은 행복하다.

아우트라인

I. 꽃의 短命
  A. 人生無常
  B. 꽃이 본 人間의 장수
II. 거북의 長壽
  A. 거북의 長壽
  B. 거북이 본 人間의 장수
III. 아량을 가진 인간세상

특히 논문을 쓸 경우에는 위와 같은 아우트라인을 설정한 후에 집필하는 것이 분량의 조정이라든가 체제를 꾸미는데 편리하다.

아우트라인 작성은 좋은 글을 쓰는데 가장 기본인 것이다.

4. 기 술

주제가 드러나고 아우트라인이 이루어지고 단락의 배열이 완료되면 실제로 글을 쓰게 된다. 이 활동을 기술이라 한다. 기술의 양식은 글쓰는 동기 혹은 의도에 의해 결정된다. 흔히 사용되는 산문의 진술방식(prose discourse)에는 다음 네 가지 종류가 있다.

① 說明(Exposition) : 대상의 개념을 이해시키고자 할 때.
② 論證(Arguement) : 대상의 진실을 증명하고자 할 때.
③ 描寫(Description) : 대상의 이미지를 나타내고자 할 때.
④ 敍事(Narration) : 대상(사건) 및 그 진행과정을 실감할 수 있도록 쓰고자 할 때.

한 편의 글이 위의 네 가지 양식 중 우세하게 나타나기도 하지만 (그럴때 각각 설명문, 논증문, 묘사문, 서사문이라 불린다) 대부분의 산문은 몇몇을 혼용하고 있는 경우가 많다. 그리고 위의 ①, ②는 다시 설명적 작문(Expositiry writing), ③, ④는 창작적 작문(Creative writing)으로 구분할 수 있다. 여기에서는 설명적 작문을 중심으로 설명한다. 왜냐하면 대학 생활을 통해 자주 요구되는 것이 바로 설명적 작문이기 때문이다.

1) 설 명

이것은 주제에 대해 설명 내지 해명을 기하는 양식이다. 이 양식은 가장 널리 쓰이고 또한 그만큼 보편적이라고 할 수 있다. 이 양식의 특색은 어디까지나 문제를 설명함으로 해서 독자의 이해력에 작용한다는 점이다.

결국 설명은 물음에 대한 해답이 된다. 이 양식의 갈래는 대개 다음과 같은 것이 있다.

(1) 指定 (2) 比較와 對照 (3) 分類와 區分 (4) 定義

(1) 指 定

'무엇이냐'에 대해 '무엇이다'라는 가장 간단한 대답 방법으로 언어에 의한 지적으로 나타난다. 따라서 간단명료하고 수식을 요하지 않을 것을 기대한다. 이때는 시간과 공간이 일치할 때 그렇지 않을 때의 두 가지 경우가 있어, 후자는 다소 복잡하게 이루어진다.

a′ 김예린 양이 누구지요?
a′′ 하얀 원피스를 입고 머리에 리본을 달았는데 은발의 노신사 왼쪽에 앉아 있는 여자입니다.
b′ 김예리 양이 누구지요?
b′′ 작년 국전에서 대상을 받고서 6개월간 파리에 다녀온 후 지난 주부터 ××화랑에서 작품전을 열고 있는 사람이 바로 김예리 양입니다.

(2) 비교와 대조

비교와 대조는 다같이 문장에 나타나는 대상을 서로 관계를 맺게 함으로써 성립되는 기술양식이다. 그러나 그 성격으로 보면 양자는 반드시 동일하다고 볼 수는 없다. 비교는 둘 이상의 대상 사이의 유사점에 의거한다. 그러나 대조는 오히려 차이점에 의거하는 것이다.

한편 비교와 대조를 보다 체계적으로 분석해 보면 다음과 같은 세 가지 방법들에 의거하고 있음을 알게 된다.

① 한 사항을 설명하고자 할 때 그것들 이미 독자들에게 알려진 사항과 관련시킨다.
② 두 사항을 설명하고자 할 때 그것들을 먼저 그들 자체에도 적용시킬 수가 있고 동시에 독자들에게 널리 알려진 일반원리에

관련시킨다.

③ 일반적인 원리나 관념을 설명하기 위해서 이미 알려진 여러 사항들을 비교 대조한다.

a′ 얼룩말이 무엇이죠?

a′′ 응, 얼룩말, 그것은 노새와 같은 동물의 하나인데 그것보다는 좀 작고, 호랑이처럼 줄무늬가 있는데 호랑이의 줄무늬는 검고 노란데 얼룩말의 줄무늬는 희고 검은 줄무늬야.

(3) 분류와 구분

원래 인간이란 혼돈보다 질서를, 복잡한 것보다는 정리된 것을 좋아하는 경향이 있다. 이와 같은 심리는 문장작성이나 분석에도 작용하여 복잡하고 잡다한 것을 손쉽게 파악할 수 있는 상태로 지양시키고자 하는 것이 보통이다. 분류와 구분은 이와 같은 우리의 심리적 요구에 의해 이루어진 한 기술양식이라고 볼 수 있다.

한마디로 구분과 분류를 정의하면 둘 이상의 사물에서 종류를 가르는 작업이라고 할 수 있을 것이다. 이때 계층적 부류조직의 상위에서 하위로 이행하는 방식을 구분이라고 하고 그 반대의 경우를 분류라고 한다. 말하자면 전자가 유개념에서 종개념으로 나누어지는 것이며, 후자는 종개념에서 유개념을 뽑아내는 것이다. 다음에 든 보기에서 앞 것이 구분에 의거한 설명방식이며 뒤의 것이 분류에 의거한 것이다.

일반적으로 구분, 분류를 효과적으로 수행하기 위해서는 다음과 같은 세 원칙을 따르는 것이 좋다.

① 각 계층마다 구분 · 분류하는 기준은 하나라야 한다. 가령 한국어의 계통은 어디에 속하는 것인가를 밝히고자 하는 경우, 세계의 많은 언어에서 한국어와 같은 말들을 분류해 내는 기준이 음운론에 의거한 것이었으면 다른 어족을 분류하는데도 음운론을 기준으로 해야 될 것이라는 뜻이다.

② 하위의 종속적인 계층은 그것이 직접 소속되는 상위의 계층을 남김없이 구명하여야 한다.

③ 첫 계층에서 적용된 구분 · 분류의 원칙은 후속 계층에까지 일관되어야 한다. 이것이 파탄을 일으켰을 때 문장은 전후의 맥락이 제대로 잡히지 않는 지리멸렬한 것이 될 우려가 있다.

a. 우랄-알타이 어족(Ural Altai). [명] 세계 어족의 하나, 북부 아시아로부터 유럽 일부에 이르는 일군(一群)의 언어, 이를 우랄 어족과 알타이 어족의 둘로 크게 나누는데, 우랄계에는 핀란드(Finland語)의 언어, 에스토니아어(Estonia語), 헝가리어(Hungary語) 등 외에 사모이어드 제어(Samoyede諸語)가 있으며, 알타이계에는 터키어, 몽고어, 퉁구스어(Tungus語), 만주어가 있으며 한국어, 일본어도 이에 속한다고 생각됨.

b. 우리말, 만주어, 퉁구스어, 몽고어, 터키어 등은 알타이 어족에 속하며 이것은 세계의 言語를 크게 몇 개의 語族으로 나누었을 때에 한 갈래를 말하는 것이다.

(4) 정 의

정의는 '무엇이냐'의 물음에 대한 해답의 형식이다. 그러나 중요한 것은 그 해답이 어사(語辭)나 어구(語句)에 대한 것이라는 점이다. 다시 말해 어사, 어구에 의해 지시된 사물에 대한 것은 아니라는 점이다.

이 정의는 다음과 같은 대등관계 위에 선다.

피정의항=정의항

피정의항(종개념)=종차+유개념

정의는 우선 정의되는 항을 한 분류(類) 속에 정립시키고, 다음으로 그 항을 특징짓는 성질[種差]을 지적함으로써 그 부류의 다른 구성분자들[種]과 구별 짓는 과정을 밟아 이루어진다.

이때 다음 몇 가지 주의해야 할 점이 있다.

①필자 독자 쌍방에 고통기반이 존재해야 한다.
②위의 공통기반이 존재하면 정의는 다음 세 가지 원칙에 의거하여야 한다.
<원칙 · 1> 피정의항은 정의항과 대등하여야 한다.
<원칙 · 2> 피정의항은 정의항의 부분이어서는 안 된다.
<원칙 · 3> 피정의항이 부정적이 아닌 한, 정의항도 부정적이어서는 안 된다.

a. 인간은 엄지손가락이 掌心에 닿는 동물이다.

b-1. 卓子는 접시, 램프, 재떨이, 책, 골동품 등을 놓는 家具의 일종이다.
卓子는 우리가 식사를 할 때 쓰는 家具다.

b-2. 통계학자는 자료를 모으고 통계학을 연구하는 사람이다.

b-3. 수라는 여늬 사람들이 먹는 밥이 아니었다.

2) 논 증

논증은 아직 명백하지 않은 사실이나 원칙에 대해 그 진실 여부를 증명하는 것이다. 나아가 그것은 독자로 하여금 필자가 증명한 바를 믿도록 하게 하고 또한 의거, 행동하도록 기도하는 기술양식이다.

논증은 이해력에 작용하여 독자로 하여금 믿도록 하자는데 그 목적이 있다. 따라서 논증은 반드시 갈등을 전제로 하고 있는 것이다.

(1) 명제(命題)

논증은 언제나 믿을 수 있는, 의심할 수 없는, 혹은 부정할 수 없는 진술인 명제에 관해서만 행할 수 있다.

명제란 필자의 신념, 주장, 판단, 지식, 식견 등을 드러낸 언어적 표현이다. 그것이 언제나 증명되기를 요구하는 것은 수사학적으로 보아 개연성의 표현이기 때문이다. 개연성 있는 여러 가지 중에서 어느 하나가 가장 믿음스럽고 가장 확실하여서 남들을 설복시킬 수 있다고 판단한 결과의 표현이 명제다.

명제는 표출되고 또 논리적으로 표현되는 것이 가장 바람직하나, 모든 글에서 언제나 그런 것은 아니다. 논설문에서는 표출적이고 논리적인 명제가 거의 절대적으로 필요하다. 그러나 소설이나 수필에서는 암시적이고 연상적이고 명제를 제시할 수도 있다. 독자의 상상력속에서 포착된다는 뜻에서 연상적이라고 한 것이다.

이때 조사 결과에 의해 곧 사실여부가 드러날 수 있는 것에 대한 논증 시도는 무의미하다. 또한 기호나 취미에 관한 문제에 논의를 벌이는 것도 무의미한 것이다.

a－1. 우리나라가 언제부터 올림픽에 참가했는가?
a－2. 甲이 좋아하는 축구와 乙이 좋아하는 야구에 대한 서로의 논의

한편 논증을 위한 명제는 다음 요건을 갖추어야 한다.

①명제는 단일해야 한다.
②명제는 둘 혹은 그 이상의 주장·판단을 가져서는 안 된다.
③명제는 명료·공정하여 선입견이나 편견이 없어야 한다.

b－1′, 너는 병원에 가서 진찰을 받아야 한다.
b－1′′, 자네는 매일 운동을 하고 공부도 보다 의욕을 가지고 열심히 하게.
b－2, 독서를 통한 경험이나 실제의 경험은 때에 따라 좋다.
b－3′, 고래는 가장 영리한 물고기다.
b－3′′, 고래는 물속에 사는 생물 가운데 가장 영리한 것이다.

(2) 논거와 추론

논증에 의해 주제(결론)를 확립하는 과정에는 필연적으로 추론이 있게 되므로, 추론의 토대가 되는 근거의 확실성과 방법의 타당성이 요구된다.

근거의 확실성을 보장하는 것이 논거다. 논거에는 '사실논거'와 '소견논거'가 있다. 논거가 사실로서 인지되기 위해서는 신뢰성 있는 근거에 의해서 검증되거나 증명되어야 한다. 논거가 소견으로서 지닐 신뢰성은 그 소견을 가진 사람의 권위에 의존한다.

추론의 방법에는 보통 '귀납추리'와 '연역추리'가 있다.

① 귀납추리

귀납추리에는 일정수의 개별적인 사례에서 시작하여 같은 종류의 여타의 모든 사례도 같은 것이 되리라는 일반적 결론에 도달하게 되는 '일반화(generalization)'와, 만일 두 사례가 그 일정수의 개성에 있어 비슷할진대 그 두 사례가 문제된 점에 있어서도 비슷하리라고 추단하는 '유추(analogy)'가 있다.

일반화에 이따금 귀납적 비약이라 부르는 오류가 있게 되는데, 이 오류를 피하기 위해서는 다음에 유의해야 한다.

㉠ 충분하고 필요한 만큼의 상당수의 사례가 검토될 것.
㉡ 검토될 사례는 그 부류 중 가장 전형적일 것.
㉢ 만일 부정적인 사례가 있을 때는 반드시 해명될 것.

이상 일반화의 경우가 그러하듯 유추에 있을 오류를 피하기 위해서 다음에 유의해야 한다.

㉠ 비교된 두 사례는 중요한 면에서 보아 유사할 것.
㉡ 두 사례 사이의 차이가 고려될 것.

1. 한 학급에 있었던 낙제에 대한 결론 : 여섯 학생이 낙제했는데 A—E까지 5학생을 조사했더니 모두 성적 불량이었음. 따라서 낙제는 곧 성적 불량의 결과임.
2. 나머지 한 사람이 다른 이유가 있을 수 있음. 예컨대 장기결석자.

② 연역추리

귀납추리가 개연성을 보일 수 있을 뿐인데 비해서, 연역추리는 확실성을 보일 수 있는 장점이 있다. 연역법은 가령 기하학의 축처럼 만일 필연적임이 인정되면 그에 수용될 체계 속에서 보편성을 얻게 될 가정에서부터 시작한다. 이러한 연역법의 가장 전형적인 경우가 삼단 논법이다.

> 모든 사람은 죽는다.(대전제)
> 소크라테스는 사람이다.(소전제)
> 그러므로 소크라테스는 죽었다.(결론)

그러나 이 세 부분이 잘못 연관되어 있을 때는 다음 몇 가지 경우처럼 오류를 범할 우려가 있다.

㉠ 잘못된 전제
㉡ 빗나간 추론
㉢ 애매한 말
㉣ 그릇된 결론
㉤ 논점의 회피

a. 모든 사람의 머리는 초록색이다.
너의 아버지는 사람이다.
그러므로 너희 아버지 머리는 초록색이다.
b. 선량한 사람은 그들의 가족에 헌신적이다.
피고는 그의 가족에 헌신적이다.
따라서 피고는 선량한 사람이다.
c. 종교는 빛이다.
빛은 에테르의 진동이다.
따라서 종교는 에테르의 진동이다.
d. 이웃집 남자는 술과 담배를 할 줄 모른다. 그러므로 훌륭한 남편이다.

e. 살림을 헤프게 한다고 나무라는 남편에게 부인이 "기가 막혀 당신은 무얼 그렇게 잘했수" 했다.

논증은 엄격히 말해서 독자의 이성에 호소하는 것이다. 그러나 감정에 호소하는 '설득'도 논증을 위해 원용될 수 있다. 설득은 표현의 사실성과 필자와 독자 사이의 마음이 공감에 기대는 바가 크다. 설득을 위해서는 재치와 공평한 자세, 너그러움, 독자에 대한 경의 등을 고려하거나 나타내 보일 필요가 있다.

5. 퇴 고

1) 퇴고란 말이 생긴 내력

"작문"이란 말과 "퇴고"란 말은 항상 붙어 다닌다. "작문"하면 반드시 "퇴고"하는 것을 포함하는 말로 쓰이며 퇴고야말로 작문을 완성시키는 최후의 작업이다. 그러면 글을 짓고 마지막 손질을 하는 수정작업을 왜 퇴고라고 하게 되었는가? 물론 이 이야기는 이미 세상에 널리 알려진 일화이지만 퇴고가 얼마나 글을 지은 뒤의 손질에 있어 중요한 부분인가 하는 것을 새삼스럽게 느끼기 위하여 그 이야기를 적어 본다.

> 때는 서기 800년 경 중국 唐나라의 어느 작은 읍내길.
> 노새의 등에 흔들리면서 무엇인가 중얼거리며 쉴 사이 없이 묘한 손짓을 하는 사나이가 있었다. 왕래하는 사람들이 흘끔흘끔 쳐다보았으나, 그는 放心한 채 노새가 가는대로 몸을 맡긴 것 같았다.

賈島는 노새를 타고 가는 도중 詩 한 首가 머리에 떠 오른 것이었다.

<李疑의 幽居에 題함>이라는 것으로

閑居隣並少
草徑入荒原
鳥宿池邊樹

한가하게 사노라니 사귄 이웃 드물고
풀밭 사이 오솔길은 荒原으로 뻗었네
저녁 새는 연못가의 보금자릴 찾는데

여기까지는 줄줄 내려왔으나 結局은
僧敲月下門
스님은 달빛 아래 절간 문을 두드린다.

이렇게 해야 할 것인지, 그렇지 않으면 「敲(두드리다)」를 「推(밀다)」로 할 것인지 여기서 딱 막혀 버렸던 것이다. 이 두 字를 입에서 내어 중얼대면서 (아마 律格을 맞춰 본 것이리라) 손을 들어 문을 두드리는 시늉도 해 보곤 하였다.

이렇듯 作品의 世界에 빠져 골몰하고 있던 賈島는, 저쪽으로부터 高官의 一行이 오는 것도 몰랐다. 그 行列을 뚫고 들어가 부딪치고 말았다.

「무례한 놈! 어떤 놈이냐?」

「비켜라! 權京尹 韓退之님을 무엇으로 보는 거냐!」

衛兵들은 저마다 소리치며 노새 위의 賈島를 잡아다가 韓退之 앞에 꿇어 앉히었다. 賈島는 놀라서 作詩에 마음이 팔려, 無禮함에 이르렀다는 사정을 말하고 謝罪하였다. 退之는 말을 멈추고 잠시 생각하고 있더니

「자네, 그것은 '敲'로 하는 것이 좋겠네.」 라고 말하였다.

이것이 인연이 되어, 韓退之는 賈島의 둘도 없는 시우(詩友)가 되고 비호자가 되었던 것이다. 이 얘기는 「緗素雜記」에 실려 있는 시화이거니와 여기에서 작문의 기술이 끝나고 재차 읽어가면서 고치는 일련의 작업을 「퇴고」라 부르게 된 것이다.

2) 퇴고의 원칙

이 퇴고를 통하여 애초에 설정하였던 주제와 실제 작성된 원고 사이의 격차를 발견하여 그것을 보완함으로써 최초의 주제가 일관되고도 명확하게 드러난 글로 만드는 것이다.

(1) 부가의 원칙

쓰고자 하는 바를 만족하게 썼는가? 다시 말하면 요구조건이 충족 되었는가를 살핀다. 그러면서 갖추지 못한 부분, 빠뜨린 부분을 첨가·보완하면서 표현을 상세하게 한다.

(2) 삭제의 원칙

글 쓰는 사람의 솔직한 심정이 나타났는가? 가식이나 허식은 없는가를 살핀다. 그리하여 불필요한 부분, 지나친 부분, 조잡하고 과장이 심한 부분 등을 삭제하면서 표현을 긴장시킨다.

(3) 구성의 원칙

글의 순서를 바꾸어 효과를 더 높일 수는 없는가? 즉 문장이 구성을 변경하여 주제 전개의 부분적 양상을 고쳐 나간다.

이 세 원칙은 결국 덧붙이고, 빼고, 바꾼다는 개괄적인 것이지만 이것을 항목별로 다시 상세한 원칙을 세운다면 다음과 같이 나누어 볼 수 있다.

① 전체의 검토

ㄱ. 주제는 틀림없이 말하고자 했던 바의 것인가? 좀더 정확한 주제문으로 나타낼 수 없는가?

ㄴ. 주제 이외의 다른 부분적인 생각이 오히려 더 뚜렷하지는 않은가? 의도한 바와는 반대로 해석, 오해될 부분은 없는가?

ㄷ. 세목이 주제와 조화를 이루고 있는가? 말하듯이 쉽게 쓰여져 있으며 까다롭거나 지저분한 세목이 들어 있지나 않는가?

② 부분의 검토

ㄹ. 논점이나 단락 등 글의 주된 부분이 유기적으로 통일되어 있는가? 강조법은 제대로 되어 있는가? 각 부분은 그 중요도에 따라 적당한 비율을 지키고 있는가?

ㅁ. 부분과 부분의 관계는 논리적으로 명료한가? 한 화제 또는 소견으로 옮길 때 그 바뀜을 분명하게 밝히고 있는가?

③ 각개 문절(文節)의 검토

ㅂ. 각개의 문절은 내용을 정확하게 나타내고 있는가? 주절과 종속절의 관계는 바로 되었는가?

④ 용어의 검토

ㅅ. 용어는 정확히 사용되어 있는가? 내용을 정확하게 또 효과적

으로 전하고 있는가? 독자가 이해하기 힘든 용어인가?

⑤ 낭독

ㅇ. 소리를 내어 읽어보아 어색한 데는 없는가? 잘못 읽혀지거나 오독됨직한 부분은 없는가?

⑥ 표기법의 검토

ㅈ. 오자(誤字), 탈자(脫字)는 없는가? 맞춤법은 바르게 되었는가? 구독점은 바르게 찍혀 있는가?

⑦ 최종적인 문장검토

ㅊ. 모든 퇴고를 끝내어 깨끗이 정리하여 다시 한 번 더 읽어 본다. 퇴고는 어떤 의미에서는 자기 문장에 대한 자기 평가다. 따라서 퇴고의 원리는 다음과 같은 문장평가의 기준에 의해 뒷받침되어야 한다.

1. 평이성(平易性)
2. 가치있는 존재
3. 주제에 의한 통일
4. 구체적이고 확실한 소재(細目)
5. 논리적이고 효과적인 구성
6. 문단과 문단 상호간 긴밀성
7. 내용을 정확하게 나타내고 표현이 풍부한 문장
8. 정확하고 구체적이며 명확한 용어
9. 바른 문법, 표기, 구독점, 서식
10. 독창성

IV. 논문 작성법

1. 논문이란 무엇인가?

우리가 공부하는 과정에서 항상 마주하고 있으면서, 때로는 몸소 써서 발표해 보기도 하는 것이 바로 논문임에도 불구하고, 정작 "논문이란 무엇인가?"라는 질문을 받게 되면 선뜻 대답하기가 누구라도 쉽지 않을 것이다. 그러나 논문의 본질에 대한 올바른 인식이나 자각 없이는 결코 남의 논문을 제대로 이해하고 평가할 수 없을 뿐 아니라, 스스로도 좋은 논문을 써낼 수 없다. 따라서 우리는 논문 작성법의 이모저모를 구체적으로 살펴보기에 앞서 이 논문의 개념부터 명확히 할 필요가 있다.

1) 논문의 본질

논증을 갖춘 입론(立論)이라는, 넓은 의미에서의 논문이라고 할 만한 것은 동서양을 막론하고 오래 전부터 있어 왔음을 알 수 있다. 보는 이의 견해에 따라서는 중국이나 우리나라의 고전 문체 가운데의 하나인 '논(論)'과, '설(說)'을 논문형식의 범주에 넣을 수 있고, 또 '논문(論文)'이란 한자어가 위문제(魏文帝)의 '전논논문(典論論文)'에서 비롯되었다는 점으로 보더라도 동양에서도 이미 옛날부터 논문이라는 글이 있었음이 분명하다. 그러나 오늘날 우리가 말하고 있는 학술논문은 서양에서 근대 과학의 발흥과 더불어 비롯된 것으로, 그 역사가 그다지 오래지 않다.

서양 근세사를 보면, 논문은 전문연구자의 모임이라 할 수 있는 학회에서 기관지의 성격을 띤 출판물을 간행하면서부터 쓰기 시작하였던 것으로 짐작된다. 인문학 분야에서 13,4세기 이래 학자들의 모임이 학회의 형태로 발전하고, 16세기에 들어서면 자연 과학분야에서도 이러한 학회가 출현하기 시작하여 마침내 영국에서는 왕립학회(The Royal Society of London for the Improving of Natural Knowledge. 1660), 프랑스에서는 과학원(Academiedes Science. 1666)의 설립으로까지 본격화되는데, 이러한 학회들에서는 각기 나름대로의 간행물을 발간하여 지식의 교류를 통한 학문적 발전을 도모하였다. 그런데 여기에 실리기 시작한 글들이 간행물 제작상의 편의와 정보의 신속 · 정확한 전달을 위해 차츰 일정한 체재와 규격을 갖추어 감에 따라, 바로 오늘날과 같은 논문의 틀이 잡히게 된 것이다.

그러나 현대에 이르러 과학의 발전에 따른 학문의 세분화 및 전문화 경향과 학문 연구의 증대로 말미암아 논문의 유형도 여러 가지로 나눌 수 있게 되었고, 또 그 성격에도 상당한 변화가 일어났다. 따라서 한마디로 꼭집어 나타내기는 어려우나 어떠한 유형의 논문이든 간에 갖추어야 할 일반적인 요건으로 간략히 서술함으로써 논문의 본질을 드러내보기로 하겠다.

우선 내용면에서 논문은 독창성 · 검증성 · 객관성을 그 본질로 한다고 볼 수 있다.

논문의 생명은 일반적으로 그 독창성에 있다. 새로이 발표되는 논문은 자료·연구방법·연구 결과 및 해석, 이 중 어느 한 가지 이상에 있어서 새로운 면모를 보인 것이어야 한다. 그리고 이러한 내용의 독창성은 이에 충분한 방증이 갖추어짐으로써 누구라도 이의 진위를 따져볼 수 있어야 한다. 다시 말해서, 확실하고도 충분한 증거가 일정한 논리와 방법에 따라 제시되어 있어, 객관적으로 그 타당성을 검증할 수 있어야 한다는 것이다. 끝으로, 논문에서 연구자의 주관은 가급적 배제 되어야 하며, 자료 및 연구방법의 선택, 자료의 비교 해석 등에 불가피하게 개입하는 가치판단을 적절히 통제하여 내용의 객관성에 대한 신뢰를 높여야 한다.

다음으로, 기술면(記述面)에서 논문은 정확성 · 간결성 · 평이성을 그 본질로 한다고 볼 수 있다. 논문의 내용은 무엇보다도 먼저 정확하게 표현되어야 한다. 이를 위해서는 논리학 및 수사학상의 일반원리를 준수해야 함은 물론, 심지어 문장 부호 하나까지도 그릇되게 사용해서는 안 된다. 아울러 논문은 그 내용에 적합한 규모를 갖추어야 한다. 논지 전개에 불필요한 일체의 부연 설명 따위를 배제한 간결한 것이어야 한다. 끝으로 논문은 읽는 사람의 관심을 유도할 뿐만 아니라, 관심 있는 연구자라면 누가 읽어보아도 그 논지를 충분히 알 수 있도록 평이하게 기술되어야 한다. 과거의 현학적인 경향과는 달리 오늘날에는 논문은 알기 쉽게 쓰여질수록 바람직한 것으로 평가되는 경향이 있다.

2) 논문의 유형과 특성

우리는 흔히 논문이라는 말로 일반화하고 있지만, 그 유형은 전문적으로 분류하자면, 여러 가지로 복잡하게 세분될 수 있다. 그러나 일반적으로는 크게 보아, 연구논문(research paper)·보고문(report)·평론(review)의 세 가지 전형으로 구분된다.

연구논문이란 전문 연구자가 해당 학문 분야(자연과학 · 인문과학 · 사회과학 등)에서 특정한 주제를 택하여 연구한 결과 도출된 새로운 지식을 논술한 것으로, 우리가 보통 '논문'이라고 할 때에는 이를 가리켜 하는 말이다. 단순히 자료의 수집·정리에 머물지 않고, 다시 이를 과학적 방법에 의거하여 분석해서 새로운 결론을 끌어낸다는 점에서 보고문과 구별되며, 논술의 목적이 기존 지식의 비판적 소개에 있지 않고 독자적 연구에 의해 새 지식의 전달에 있다는 점에서 평론과도 구별된다. 따라서 연구 논문에서는 다른 무엇보다도 독창성이 중요시되며, 이 독창성은 자료·연구 방법·결론 중의 어느 하나, 또는 그 이상에서 입증되어야 한다.

보고문은 연구 과정의 첫 단계에서 조사·답사·관측·실험·채집 등을 통하여 수집된 자료를 정리하여 서술한 것으로, 본격적인 연구의 소재를 제공하는데 그 목적이 있다. 따라서 보고문은 정확성을 그 생명으로 삼는다. 허위 보고, 주관적 보고, 부정확한 보고는 아무런 가치가 없다. 자료의 수집 방법, 원천, 수집 일시, 장소 확인 등 자료의 수집과정에 따른 부대 조건이 명시되어야 하며, 수집된 자료는 일정한 원칙에 따라 정확히 기술되어야 한다. 특히 자기가 직접 조사한 부분과 문헌이나 다른 사람이 조사한 것에서 인용한 부분 및 자신이 덧붙인 의견 등등이 명백히 구분되도록 해야 한다. 나아가, 보고를 위한 보고에 그치지 않고 특정 연구 과제의 해결에 관련된 풍부한 내용을 담고 있다면 최상의 보고문이 될 것이다.

평론은 어떤 분야의 연구 성과를 넓은 범위에 걸쳐 정리·소개한다든지(이른바 '개관' '총설' 등) 새로 나온 문제적인 저서나 논문을 비판적으로 소개하기 위하여('서평') 쓰는 글이기 때문에, 무엇보다도 객관성을 그 근본 특성으로 한다. 공평무사한 태도를 견지해야 하며, 내용의 요약과 요약된 내용에 대한 논평, 즉 해설과 비판의 구분을 뚜렷이 하여 읽는 이로 하여금 올바른 판단을 내릴 수 있도록 해야 한다. 또한 평론은 흔히 논문을 작성할 때 자료의 예비조사(참고 문헌의 탐색)에 활용되므로 인용 문헌의 출처를 상세히 밝혀 둠이 좋을 것이다.

한편, 대학에서 전문 연구자가 아닌 학생들에게 요구하고 있는 논문은 크게 보아 ① 학위논문(학사·석사·박사 학위 논문)과 ② 각종 리포트(이른바 'term paper' 등)의 두 가지 유형으로 나눌 수 있다. 이것들은 앞서의 연구 논문과 보고문에 각각 상응하는 유형들이지만, 학생 논문이라는 특수성 때문에 따로 살펴볼 필요가 있다.

졸업 논문은 대학 졸업을 앞둔 학생이 4년간 터득한 전공 과목의 지식을 종합적으로 표현하기 위해 쓰여진다. 학생으로서는 자신의 대학생활을 학구적인 방면에서 총 결산해 보는 결산보고서적 의미를 지니는 동시에, 교수로서는 암기력 위주의 학과 시험을 통해서는 측정하기 힘든 이해력과 창의력 등 학생의 참된 실력을 파악할 수 있는 기회가 된다. 따라서 졸업 논문에서는 이미 터득한 전공과목의 지식을 학생나름의 독자적인 관점에서 재음미해 볼 것이 요구된다고 하겠다.

졸업 논문은 또한 자주적 학문 연수의 능력을 함양시키기 위해서 쓰여진다. 지식을 수동적으로 받아들이는데 그치지 않고, 스스로 과제를 찾고 수집 · 해석하여 이를 해결해 내는 연구의 일반적 능력은 논문을 써 봄으로써만 함양될 수 있는 것이다. 졸업 논문의 작성을 통하여 학생들은 이러한 기초적인 연구능력을 갖출 수 있게 되며, 나아가 장차 학문의 길에 정진하려는 학생의 경우라면 학자가 되기 위한 자질 심사의 의미마저 지닐 수 있다. 따라서 졸업 논문에서는, 논문 작성의 일반적 절차와 표준적 체재를 준수할 것이 요구된다고 하겠다.

학위 논문은 대학원에서 소정의 교육을 이수한 뒤, 외국어 시험 및 종합 시험에 통과한 사람으로서 석사 혹은 박사 학위를 취득하고자 할 경우에 제출하는 논문을 말한다. 어떤 의미에서 대학원 과정에서의 공부는 이 학위 논문 한 편을 쓰기 위한 준비 과정에 불과한 것이라 해도 좋을 만큼 중요한 의의를 지닌 것이다. 졸업 논문과 마찬가지로 역시 지정된 지도 교수의 지도 아래서 쓰여지는 것이지만, 졸업 논문보다 학생의 독립적 연구능력이 한층 더 요구되고 있다는 차이가 있다. 그리고 졸업 논문에서는 전공 과목에 대한 종합적 지식과 기초적인 연구 능력을 테스트해 보는 것이 주목적이기 때문에 논문다운 논문, 격식을 제대로 갖춘 논문을 쓸 줄 아는 능력 자체가 문제로 되지만, 학위 논문에서는 사정이 다르다.

석사 학위 논문에서는 해당 분야에서 전문적 연구가로서 대성할 수 있는 자질을 드러내 보일 것이 요구된다고 하겠다. 따라서 석사 학위 논문은 완벽한 방증, 주제에 대한 연구사적 고찰, 충분한 자료 제시 등을 통해 전문적 연구가로서의 자질을 과시하는 勞作이 되어야 할 것이다. 한편, 박사 학위 논문에서는 독창적인 연구를 통해 해당 분야의 학문에 현저한 공헌을 할 것이 요구된다고 하겠다. 따라서 박사 학위 논문은 새로운 학설의 제시, 새로운 사실의 발견, 또는 혁신적 연구방법의 정립 등을 통해 해당분야에서 신 영역을 개척한 것이어야 할 것이다.

리포트란 대부분의 대학생들이 학기말에 혹은 수시로 제출해야 하는 짤막한 논문이나 간략한 보고서의 이름이다. 학생들로 하여금 연구방법을 습득하게 하고 연구결과를 보고하는 표현 기교를 훈련시키는데 그 주된 목적이 있으며 연구 결과, 즉 결론보다는 오히려 문제해결의 과정 또는 문제점의 제기 확인 등에 더 큰 의의가 놓여 있는 것이다. 따라서 리포트는 정상적인 논문보다 다루는 주제의 범위가 좁을 수밖에 없고, 때로는 정상적인 논문의 서론에 해당되는 부분을 생략하기도 하며 주석이 충실한 경우에는 참고문헌 소개를 생략하기도 한다. 그러나 정상적인 논문을 쓸 때에 못지 않는 정성을 쏟아야 함은 물론이거니와 간략한 가운데 풍부하고도 정확한 내용을 담도록 해야 할 것이다.

2. 논문 작성의 절차

한 편의 논문을 작성하는데 있어서 꼭 지켜야 할 무슨 법칙 같은 것이 있는 것은 아니지만, 일반적으로 논문의 작성 절차는 연구 단계(사전 준비 단계), 집필 단계(원고 작성 단계), 제출 단계(정서 및 인쇄)로 나누어 볼 수 있다.

그것을 골자만을 간추려 정리해 보면 다음과 같다.

Ⅰ. 연구 단계…………1. 주제의 선정
(사전 준비)　　　　2. 자료의 수정
(1) 자료의 조사
(2) 자료의 평가
(3) 자료의 채록
(4) 자료의 정리
3. 구상과 개요 작성

Ⅱ. 집필 단계…………1. 초고의 작성
(원고작성 단계)　2. 퇴고

Ⅲ. 제출 단계…………1. 정서
2. 인쇄

1) 주제의 선정

논문의 주제(테에마)는 논문이 다루는 근본적인 문제나 중심이 되는 내용을 의미한다. 따라서 논문을 쓰고자 할 때 먼저 해야 할 일은 주제를 잡는 것, 즉 '무엇'에 대하여 쓸 것인지를 결정하는 일이다. 평소에 자신의 전공 분야에 대하여 깊은 관심을 가지고 열심히 공부하다 보면 새로운 문제는 얼마든지 발견할 수 있다. 이미 이루어진 연구 업적들을 두루 살피다 보면 풀리지 않은 문제, 빠뜨린 문제, 앞으로 좀 더 밝혀져야 할 문제, 더러는 잘못 풀린 문제들이 발견되기 마련인 것이다. 이러한 문제들 중 어느 것을 택하여 논문의 주제로 삼을 것인지를 결정하지 않으면 안 된다. 그런데 어떤 의미에서 논문의 가치는 그 논문의 주제가 갖는 의의에 달려 있다고 해도 과언이 아닌 만큼 주제의 선정에는 신중을 기할 필요가 있다 할 것이다.

따라서 외부(연구기관이나 학회 또는 지도교수)로부터 논문의 주제가 주어지는 경우가 아니라면 주제의 선정에 있어서는 지도교수나 학계의 선배 또는 동창들의 도움말과 협력을 구하는 것이 좋을 것이다. 그러나 다른 사람들의 도움말이나 협력을 얻는다 해도 주제의 선정에 있어서 맨 마지막 결정을 내리는 사람은 결국 논문을 쓰는 당사자임에 틀림없다.

논문을 쓰려는 사람은 일반적으로 다음과 같은 사항을 유의하여 주제를 선정하는 것이 바람직할 것이다.

ⓐ 풀고자 하는 문제의 유형을 고려할 것.
ⓑ 홍미를 느끼는 문제를 택할 것.
ⓒ 폭이 좁고 깊이가 있는 문제를 택할 것.
ⓓ 가능성을 고려할 것.

ⓔ 독창성 있는 문제를 택할 것.

ⓕ 발전성 있는 문제를 택할 것.

문제의 유형에 따라 연구 방법의 차이는 물론이고 논문의 성격도 달라지므로 논문을 쓰고자 할 때에는 풀고자 하는 문제의 유형을 고려해야만 한다. 문제의 유형은, 사실 확인의 문제(problems of fact), 가치 판단의 문제(problems of value), 기술(技術)에 관한 문제(technical problems)로 나누어 진다.

사실 확인의 문제는 검증적 관찰이 가능한 개개의 사실과 그러한 사실 사이의 관계를 규명하는 문제이고, 가치 판단의 문제는 무엇이 바람직한가, 혹은 어떤 일을 어떻게 평가할 것인가를 다루는 일이며, 기술에 관한 문제는 일명 수단에 관한 문제(problems of means)로서 응용과학의 영역이라 할 수 있는데, 순수과학에서 알아낸 지식을 인간의 필요나 효용에 적합하도록 응용하는 문제이다.

논문의 주제로 다루려는 문제는 되도록이면 평소에 흥미를 느끼고 관심을 가져 왔던 것을 택하는 것이 바람직하다. 흥미와 관심을 가진 문제는 어느 정도 그 내용을 이해하고 있다는 것이 되며, 또 자기 나름대로의 견해도 가지고 있다는 것이기 때문이다.

논문의 주제는 폭이 좁고 깊이가 있는 것이 좋다. 주제의 범위가 너무 넓고, 그 뜻이 너무 막연하며 어디서부터 써야 할지 갈피를 잡을 수 없다. 그러므로 논문의 주제를 선정할 때에는, 그 주제를 한정하며 구체화시키지 않으면 안 된다. 가령 문학 전반에 걸쳐 논문을 쓰기로 한다면 그 주제의 폭은 너무 넓고 막연하다. 이것을 시간이나 장소에 따라 한정시키거나 어떤 문학현상에만 국한시킨다면 그만큼 구체성을 띠게 된다. 예를 들어 문학 → 한국문학 → 한국현대문학 → 한국현대시의 주제변천, 이렇게 범위를 좁히면 논문으로 다룰 만하다. 그러나 지나치게 폭이 좁은 주제도 학생 논문으로서는 바람직하지 못하다. 가령 곤충 → 파리 → 쇠파리의 주둥이 → 쇠파리 주둥이의 윗입술 → 쇠파리 주둥이 윗입술의 기능, 이쯤되면 고도의 전문성이 따라야 하기 때문이다.

대개의 논문은 주어진 일정한 기간 안에 완성하여 제출토록 되어 있으므로 논문의 주제로는 자신의 능력과 주어진 여건에 비추어 봐서 해결이 가능한 문제를 택해야 한다. 너무 거창하거나 막연해서 구체적인 접근 방법이 뚜렷이 떠오르지 않는 문제, 따라서 아예 결론이 날 수 없거나 막연한 결론밖에 나올 수 없는 문제를 논문의 주제로 선정해서는 안 된다. 따라서 아무리 좋은 주제를 선정했다 하더라도 자료 수집이나 실험이 가능한 문제인가, 또 명확한 결론이 도출될 수 있는 문제인가를 면밀하게 따져 보아야 할 것이다.

논문의 생명이 독창성에 있는 만큼 흔해 빠진 것, 많은 사람이 이미 다룬 문제는 논문의 주제로서 적합하지 못하다. 그러나 주제의 독창성 여부는 결국 도출되어진 결론에 의해서만 입증되어질 수 있으므로 미리 판단을 내리기는 어려운 일이다. 그렇지만, 최소한의 참신성을 갖추기 위해서는 지나치게 상식적인 문제는 가급적 피해야 할 것이다.

한편, 한 번의 연구나 한 편의 논문으로 완전 해결이 가능한 문제라든지 그 문제를 해결하여 얻은 결론이 다른 문제의 해결에 도움을 주지 못하는 너무도 작은 문제는 발전성이 없는 것으로 논문의 주제로 적합하지 못하다. 이러한 문제를 논문의 주제로 다룰 경우, 개인의 연구 생활 자체가 발전적으로 지속될 수 없으며, 학문의 발전에 기여할 수도 없는 까닭에서다.

학생 논문 가운데서 졸업 논문에서는 격식을 제대로 갖춘 논문을 써낼 수 있는 능력 자체가 심사의 대상이 되기 때문에 주제를 선정할 때 무엇보다 ⓓ의 '가능성'에 유의하지 않으면 안 될 것이다. 석사 학위 논문의 주제로는 최소한 ⓔ의 '독창성'이나 ⓕ의 '발전성'

중 어느 한 가지 이상의 특성을 갖춘 문제를 택해야 할 것이다. 박사 학위 논문의 주제로는 '독창성'과 '발전성'을 겸비한 문제를 선정하는 것이 바람직할 것이다. 그러나 이러한 강조점의 차이는 어디까지나 상대적인 것이고 유동적인 것에 지나지 않는다. ⓐ에서 ⓕ까지의 요건을 두루 갖춘 문제를 주제로 선택해야 바람직한 논문이 나올 수 있다.

이와 같이 해서 선정된 주제가 구체적인 연구 과정을 거치면서 다듬어져, 간략한 문장으로 표현된 것이 다름 아닌 그 논문의 제목이다.

2) 자료의 수집

주제가 선정되면, 그 주제를 다루는데 필요한 정보를 얻어내어 기록 해 놓아야만 한다. 이 일련의 과정을 자료의 수집이라 하는데, 각자의 전공 분야에 따라서 또는 선정된 문제의 성질에 따라서 독특한 단계를 거칠 경우도 있으나 이 과정은 일반적으로 자료의 조사, 평가, 채록, 정리의 단계로 나누어짐이 보통이다.

(1) 자료의 조사

자기가 선정한 주제의 성격을 뚜렷하게 파악하기 위하여서는 우선 그 주제의 전체적인 개념, 또는 보편적인 개념을 알아야 할 것이다.

그러기 위해서는 사전류(문학사전, 역사사전, 철학사전, 과학사전, 백과사전 등)를 찾아보는 것이 가장 빠른 길이다.

다음으로, 자기가 선정한 주제에 대한 전체적인 개념이 완전히 파악되었으면 좀 더 구체적이고 자세한 자료를 조사해야 한다. 자기가 선정한 주제 해결을 위하여 어떤 책에 무슨 이야기가 실려 있는가를 찾는 일이다. 그러기 위하여 우선 찾아야 할 곳이 도서관이나 연구실, 또는 학과의 도서실이다. 그곳에서 자기가 선정한 문제에 관련된 과거의 모든 업적을 널리 조사해야 한다. 현재까지 출판된 단행본은 물론이고, 연간, 계간, 월간, 또는 부정기간의 모든 학술지를 상세하게 조사하되 언제나 빠뜨린 것이 없는가를 검토하고, 특히 최근에 발표된 논문에 대하여 깊은 관심을 가지고 조심해야 한다.

불행히도 우리나라의 형편이 도서관의 시설이나 정보 제공을 위한 봉사 작업이 빈약하고 목록출판이 발달되지 못했기 때문에 외국의 학생들에 비하여 훨씬 더 많은 고통을 면치 못하고 있다. 우리는 그럴수록 외국 학생에 비하여 더 큰 노력을 기울여야 충실한 자료조사가 가능하다는 것을 명심해야 한다. 위와 같은 공공시설을 이용하여 만족할 만한 자료를 얻지 못했을 경우에는 부득이 개인의 장서에 의존하지 않을 수 없을 것이다. 교수나 선배의 책을 빌어 올 때에는 기일을 지키고 더럽히지 말아야 함은 물론, 만에 일이라도 분실하는 일이 절대로 있어서는 안 된다. 그러나 무엇보다도 바람직한 일은, 아직도 오늘의 우리의 현실에 비추어 공공시설을 충분히 이용할 수 없는 바에는, 학생들 스스로가 자기에게 필요한 책은 자기가 사서 보기를 권하고 싶다. 책이 없는 학생은, 아니 학자는 무기 없는 군대와 다를 바 없기 때문이다.

(2) 자료의 평가

자료조사가 대충 끝났다고 판단되면, 논문의 소재가 되는 자료를 구체적으로 채록하는 단계에 들어가야 한다. 자료조사를 통해서 조사해야 할 자료의 범위나 양은 어느 정도 결정되었지만, 본격적으로 자료를 채록하여 가는 과정에서는 이와 같이 양적으로 제한된 범위의 자료를 다시금 질적으로 선별하지 않을 수 없다. 다시 말해 자료의 채록에는 자료에 대한 평가가 수반되지 않을 수 없다.

논문의 자료는 문헌 조사에 의해서 뿐 아니라 실험과 관찰, 기타 면접과 질문지법 등을 통해서도 채록되지만, 여기서는 문헌 조사를 중심으로 한 자료 채록의 경우에 한정하여 자료 평가의 일반적 기준을 살펴보기로 한다.

ⓐ 정확성 : 자료에 담긴 내용이 얼마나 정확한 것인가를 가려야 한다. 대체로 사실이나 사건에서 직접 얻어 낸 1차 자료(직접 자료 : 통계 자료, 신문 기사 등등)가 2차 자료(간접 자료 : 1차 자료를 토대로 해서 써낸 각종 논문, 저서 따위)보다 정확한 것은 말할 것도 없다. 안이하게 2차 자료에만 의존할 것이 아니라 가급적이면 1차 자료에 의존하여 논문을 작성할 것을 권장하는 이유가 여기에 있다.

ⓑ 참신성 : 오늘날과 같이 지식의 진보가 급속한 시대에 있어서는 낡은 자료는 대체로 무가치하거나 그릇된 지식을 담고 있기 일쑤이다. 따라서 자료는 가급적 최근의 것이 좋으며 이 점은 간행 연도를 보고 판별할 수 있다. 물론 각 분야의 고전적 저작들은 예외로 해야 한다.

ⓒ 권위 : 해당 전문 분야의 대가나 국내외적으로 저명한 학자가 쓴 논문이나 저서, 그리고 전통과 신용을 자랑하는 큰 출판사에서 간행된 전문서적 등은 일단 신뢰할 수 있는 자료라고 보아도 좋다. 이러한 권위의 여부가 자료를 평가하는 하나의 기준이 될 수 있으므로, 단행본의 경우라면 저자명·출판사명·기타 발행판수 등을 살펴볼 필요가 있다.

ⓓ 이 밖에 해당 논저의 서문이나 서론 부분만 읽어 보면 대충 그것이 논문의 주제와 어느 정도 관련성이 있는지를 판별할 수가 있으며, 목차·참고문헌란·색인·부록 등의 짜임새 역시 자료 평가의 한 기준이 될 수 있다. 내용이 충실한 문헌은 대체로 그 짜임새마저 잘 갖추어져 있기 때문이다.

(3) 자료의 채록

빈틈없고 충실하게 자료를 채록해 나가리란 쉬운 일이 아니다. 논문작성법을 배워 나가고 있는 학생의 경우, 부주의한 탓으로, 가벼운 실수 탓으로 중요한 자료를 놓쳐 버리거나 불완전한 채록으로 쓸모없는 것이 되게 하고 마는 수가 결코 적지 않다. 따라서 만족스러운 자료의 채록을 위하여서는 다음에서 설명하는 몇 가지 주의사항을 충실히 지켜나가야만 할 것이다.

① 채록을 위한 감(materials)

채록을 위한 감으로는 카드 · 노트 · 스크랩 북 · 봉투 · 파일 등 여러 가지를 사용할 수 있지만, 이 중 가장 널리 사용되는 것은 카드이다. 연구 과제의 순서에 따라 마음대로 그 배열을 바꿀 수 있기 때문이다. 그러나 자칫하면 분실될 우려가 있으므로 보관에 유의해야 한다. 자료를 채록할 때에는 감을 불문하고 반드시 다음과 같은 점들을 지켜 나가야만 한다.

ⓐ 자료의 채록에 앞서 각자가 선택한 참고 문헌은 반드시 그 서문이나 목차를 대충 검토하고, 이어서 각 장 · 절 · 항들을 대충 통독한 연후에 정독을 하면서 필요한 부분을 가려 채록한다.
ⓑ 이때 한 장의 카드(혹은 노트 · 파일)에는 반드시 한 가지 내용만을 기입하는 것이 좋다. 카드나 노트를 절약한다고 한 장에다 여러 가지 내용을 기입했다가는 뒤에 정리할 때 대단한 불편을 느끼게 될 것이다.
ⓒ 카드나 노트는 한쪽 면만을 써야 한다. 역시 절약한다는 목적으로 뒷면까지 썼다가는 뒤에 여러 가지 불편을 면치 못할 것이다. 만약에 한 장으로 부족할 경우에는 다른 카드에다 동일한 표제(Heading)하에 일련번호를 붙여서 적어 나가면 된다.

② 채록방법

자료 채록을 위해 읽은 책에서는 그 내용뿐만 아니라 반드시 그 서지 사항을 빠짐없이 기입·정리해 두어야 한다. 이때 카드는 참고문헌의 서지 사항을 따로 기재한 문헌 카드(master card)와 그 내용도 기입한 내용 카드의 둘로 나누어 작성하는 것이 편리하다.

그러면 내용 카드를 작성할 때마다 일일이 서지 사항을 완벽하게 기입해야 하는 번거로움을 피할 수 있을 뿐 아니라 문헌 카드만 따로 정리하면 그대로 참고문헌란의 자료로 쓸 수 있는 까닭이다.

문헌 카드의 기입 요령은 채록 대상 문헌의 종류에 따라 약간의 차이가 있다.

단행본의 경우라면 ⓐ 저자명 ⓑ 서명 ⓒ 총서명과 권수(필요시) ⓓ 발행 판수(필요시) ⓔ 출판지명 ⓕ 출판사명 ⓖ 출판연도 ⓗ 인용 참고한 페이지 ⓘ 도서 청구 기호(필요시) 등을 기입해야 할 것이다.

논문의 경우에는 ⓐ 필자명 ⓑ 논문 제목 ⓒ 게재지명 또는 논문지명 ⓓ 권수 및 호수 ⓔ 발행 연·월·일 ⓕ 인용 참고한 페이지 ⓖ 청구 기호(필요시) 등을 기입해야 한다.

기타 사전류, 신문 기사류 등도 이에 준하여 기입하면 된다.

내용 카드는 아래와 같은 요령으로 작성해야 한다.

ⓐ 알아보기 쉽고 정확하게 기입해야 한다. 뒷날에 誤讀되지 않도록 또록 또록 써야 할 것은 물론이고, 지워지는 일이 없도록 잉크나 볼펜으로 써야 한다.
ⓑ 적절한 표제어와 일련번호를 붙여서, 카드의 양이 늘어나더라도 분류하기 쉽도록 해야 한다. 표제어는 일관성 있고 적절하게 붙여져야 하므로 일람표를 만들어 두는 것이 좋을 것이다.
ⓒ 자료의 내용을 요약할 때나 의역(paraphrase)을 할 때에는 자기의 주관을 섞어서는 안 된다. 자기의 의견과 원문의 내

용은 엄격히 구별되어야 한다. 부득이 자기의 의견을 덧붙여 둘 필요가 있을 때에는 반드시 그 사실을 명시하여 원문의 인용과 혼돈되는 일이 없도록 할 것이다.

ⓓ 원문을 직접 인용할 때에는 반드시 따옴표(“ ”)를 사용함으로써, 요약하여 채록한 간접인용의 글과 혼동되지 않도록 해야 한다. 일반적으로 인용의 경우－직접 인용이든, 간접 인용이든 또는 생략 · 기필하여 인용하는 경우든 간에－논문 본문을 작성할 때의 인용법에 준하여 만전을 기하지 않으면 안 될 것이다(본장 제 3절 2항 인용법을 참조할 것).

ⓔ 한문이나 외국어로 된 자료는 반드시 번역을 하여 원문과 병기해 두어야 한다. 논문을 쓸 때 원문은 주석으로 돌려 처리하고 본문에는 그 번역문을 인용하는 것이 바람직하다.

ⓕ 내용 카드에 기재해야 할 사항은 ㉠서지사항(문헌 카드를 따로 작성하였을 경우에는 약어나 약호로 대치해도 무방하다) ㉡카드 일련 번호(같은 내용이 두 장 이상의 카드에 연속적으로 기입되었을 경우) ㉢표제어 ㉣채록 내용 ㉤채록된 부분의 페이지 등이다. 이 중 어느 한 가지라도 빠짐없이 기입해 두지 않으면 뒤에 가서 그만큼 불편해진다는 점을 잊지 말아야 할 것이다.

이제까지의 채록방법에 준하여 작성된 문헌 카드와 내용 카드의 본보기를 참고삼아 들자면 다음과 같다.

문헌 카드의 예

O
韓 沽 劢 韓 國 通 史 서울 : 乙西文化社, 1970.

내용 카드의 예

O 〔三韓의 風俗〕 韓沽劤, 韓國通史(서울 : 乙酉文化社, 1970), p47.
"三韓에 있어서는 역시 農業을 주로 하는 사회였던 만큼, 5월의 播種과 10월의 收穫이 끝날 무렵에는 귀신을 祭祀하는 행사가 있었다. 이 全部族的인 行事 때에는 部族員 전원이 모여서 飮酒와 歌舞로 밤을 지새웠던 풍속은, 扶餘와 高句麗에서와 다름이 없었으며, 그것은 또 오늘날의 5월 端午의 「수리떡」, 10월 상달의 「고사떡」이 저 아득한 옛날로부터 내려오는 遺習임을 말하여 주는 것이다."

(4) 자료의 정리

가능한 자료를 완전하고도 정확하게 채록하였다는 생각이 들면, 논문의 내용과 분량을 염두에 두면서 채록된 자료의 재배열과 취사선택을 해야 한다. 아무리 좋은 자료를 많이 채록하였다고 하더라도 그것이 평가 안목을 통해서 적절하게 정리되지 못하고 흩어진 채로 있다면 그것은 자료로서 값어치가 없기 때문이다.

자료를 정리하기 위하여서는 일정하고도 구체적인 기준이 필요하다. 그러나 그 기준은 논문의 종류나 논문을 쓰는 사람의 의도에 따라 다양해질 수밖에 없는 노릇이지만 어떠한 경우에라도 잠정적 개요나 표제어 일람표가 갖추어져 있다면 자료의 정리가 용이해질 수 있다.

보다 일반적인 자료 정리의 방법으로 다음과 같은 기준들을 생각해보는 것도 효율적일 것이다.

첫째, 내용상의 유사점과 차이점, 상호 연관성과 대립성에 따라 분류하여, 비슷한 내용의 자료끼리 모아 놓는다.

둘째, 일반적인 내용으로부터 차츰 특수한 내용으로 연역적인 편성을 취하거나, 특수한 내용으로부터 차츰 일반적인 내용의 순서로 귀납적인 편성을 시도해 본다.

세째, 내용상의 인과 관계를 따져 자료를 분류해 본다.

자료를 정리하는 과정에 있어서, 채록된 자료 가운데서 아무리 귀중해 보이는 자료라 하더라도 마련된 기준에서 벗어나는 경우에는 과감히 이를 버려야 함은 물론이고, 심지어 채록된 자료 전체가 만족스럽지 못하다고 판명이 되는 경우에는 논문 주제를 바꾸거나 자료의 수집을 처음부터 다시 시작해야만 할 것이다.

3) 구상과 개요 작성

체계 있는 자료 정리를 통하여서 결정적인 결론이 떠오르게 되고 논문의 뼈대가 거의 서게 되면 논문을 만들기 위한 치밀한 구상(틀의 선정)을 해야 한다. 아울러 일관성 있는 글을 쓰기 위하여 그 구상을 도식화하여 메모를 작성하는, 곧 개요(outline)를 작성하는 것이 바람직하다.(구상과 아우트라인 작성법에 대하여는 앞 장을 참조할 것)

그리고 구상을 하거나 개요를 만들기에 앞서 명심해 두어야 할 일은 논문 작성의 목적이 어디까지나 새로운 사실의 발견, 그리고 어떤 사실에 대한 새로운 해석을 내림으로써 새 결론을 이끌어내는 데에 있다는 것을 잊지 말아야 할 것이다. 따라서 모든 사실과 해석과 결론이 명백하고 정당하고 참신한가를 검토해야 한다. 다음으로는 논지의 전개와 아이디어의 조절이 아우트라인을 만드는데 가장 중요한 일임을 잊어서는 안 된다.

외부의 청탁에 의한 연구 논문이나 졸업 논문, 학위 논문 등의 경우에는 때때로 논문 작성 이전에 논문 작성 계획서의 제출을 요구받는 경우가 있다. 이때는 논문의 개요에다가 참고문헌란 및 연구 일정 계획 등을 덧붙여서 제출하면 된다.

3. 논문의 기술

자료가 완전하게 정리되고 구상과 개요 작성이 완료되면 구체적으로 논문을 쓰는 단계에 들어가게 된다. 그런데 논문을 쓰자면 일정한 체재를 갖추어야 하고, 그러자면 논문 기술상의 여러 가지 특정한 방식을 알아야만 한다. 논문의 체재, 각 부분이 담아야 할 내용, 인용법, 주석달기, 참고문헌란 작성의 순서로 논문 기술상의 요건이나 방식 등을 살펴보면 다음과 같다.

1) 논문의 체재와 내용

(1) 논문의 체재

근래에 국내외에서 가장 보편적으로 쓰여지고 있는 논문 체재는 논문을 구성하는 요소(materials)의 범주에 따라서 서두(the preliminaries), 논문 본문(the text of the thesis), 참고 자료(the reference materials)의 세 부분으로 구성되고 있다. 그 배열은 다음과 같은 순서를 좇아서 조직된다.

① 서두

논제 표지

승인란 또는 채점란(필요시)

서문 및 감사의 말(필요시)

목차

도표 목록(필요시)

삽도 목록(필요시)

②논문 본문
서론
연구 보고
요약

③참고 자료
참고 문헌
부록(필요시)
색인(필요시)
요지(필요시, 외국어로)

이상에서 열거한 '필요할 때'라고 한 것을 제외하고는 꼭 갖추어야 하는 것이고, '필요할 때'라고 한 것은 필요할 때에만 요구되는 항목이다. 그리고 근래에는 대부분의 학술논문은 가로 쓰기로 하는 것이 일반적인 관례로 되어 있다.

(2) 각 부분의 내용

① 서두 부분

i) 논제 표지

외국의 경우 title page라고 불리는 이 논제 표지는 각 대학에서 엄격히 규격을 만들어 완전히 통일된 체재를 쓰고 있다. 그러나 우리나라에서는 아직도 난잡하고도 무성의한 논제표지가 횡행하고 있음은 적이 한심스러운 일이다. 사람으로 말하면 그 얼굴에 해당하는 논제표지가 이목구비를 갖추지 못한 셈이라고 생각하여 규격에 맞는 논제표지를 쓰는 습관을 붙이도록 노력하기를 바란다. 이제 이 논제표지에 기입할 필요 사항과 그 순서를 다음에 보이기로 하겠다.

논문 제목(다른 항목들보다 큰 글씨로 쓴다)
제출처(학위 논문일 경우) 또는 담당 교수명(학기말 리포트)
학위구분(〃) 과목명(〃)
제출자 성명(학교명, 과명, 학년, 학번을 명시)
제출 년월일

논문 제목은 정확하고 포괄적이어야 하지마는 조사 범위를 넘어서거나 주제에서 벗어나서는 안 된다. 그리고 서너 개의 단어나 단어군으로 읽기 쉽고 알기 쉬운 제목을 선택해야 한다. 제출처와 학위 구분은 원고지의 중간쯤에 쓰고 제출자와 제출 년월일은 원고지의 아랫부분에 쓰는 것이 보기 좋다. 그리하여 이목구비가 제각기 있을 자리에 있고 크기가 조화되어야 우선 얼굴을 알아볼 수 있게 될 것이다.

ii) 승인란 또는 채점란

이 항목에 해당하는 것은 학위 논문일 경우 석사 과정 이상은 대학원에서 따로 용지를 마련하고 있는 것이 보통이다. 그러나 학사 학위(졸업 논문)의 경우에는 별도로 대학에서 마련하지 않고 있기 때문에 심사 교수의 평점이나 소견을 쓸 수 있도록 꼭 마련해 두는 것이 좋다.

학기말 리포트의 경우에도 이 난은 마련하여 두는 것이 좋겠다.

iii) 서문 및 감사의 말

서두(preliminary)에서 언급되는 서문 또는 머리말(preface, foreword)에서는 그 논문에서 다루어진 연구 범위와 연구 목적을 간략하게 밝히고, 그 논문의 성격을 간단히 소개하여야 한다. 그리고 감사의 말(acknowledgement)을 쓰는 것은 그 논문을 쓰는 동안에 물질적으로나 정신적으로 협조와 원조를 아끼지 않았던 모든 인사와 기관에 대하여 정중하고도 간단 명료한 사의를 표명하는 것이 선비의 도리가 되기 때문이다.

iv) 목 차

머리말이나 감사의 말이 끝나면 다음에는 목차를 밝혀야 한다. 이 목차는 흔히 차례 또는 목록이라고도 한다. 그런데 이 목차는 논문의 내용을 일목요연하게 알 수 있도록 본문의 주요한 뼈대를 소개하는 것이기 때문에 지나치게 상세하면 오히려 번잡해질 우려가 있다. 따라서 본문에서 구분한 항목의 순서를 적절하게 조절하여 지나치게 번잡하지 않도록 나열하는 것이 좋을 것이다. 그러기 위하여는 아우트라인을 작성할 때, 또는 본문으로 작성할 때 요령 있는 조직체재를 꾸미는 것을 잊지 말아야 할 것이다. 이 목차는 국문 논문일 경우 장, 절, 항, 목 등으로 나누는 것이 보통이다. 그리고 영문의 경우 장에 해당하는 것을 로마 숫자로, 절에 해당하는 것은 알파벳의 대문자로, 항에 해당하는 것은 아라비아 숫자로, 목에 해당하는 것은 알파벳의 소문자로 표시한다. 이런 구분을 목차란에 기입할 때에는 그 순서에 따라 한 글자나 두어 글자쯤 낮추어서 쓰는 것이 관례로 되어 있다. 이제 이 영문 논문의 목차 기입요령을 대중으로 하여 목차 기입의 한 예를 보이면 다음과 같이 되겠다.

II. 麗朝以前의 文學
  A. 古代文學
  B. 三國時代의 文學

1. 時代의 槪觀

a. 時代 背景

위의 구분 방법을 전통적인 국문 논문의 구분으로 바꿔 보면 다음과 같이 된다.

I →第一章

II →第二章

A→第一節

B→第二節

1→第一項

a→第一目

이상과 같은 내용 목차는 그 논문의 길이에 잘 조화될 수 있도록 조절해야 한다. 즉, 정 · 절 · 항 · 목 등의 구분 중에서 어느 단위까지 목차란에 기입하느냐 하는 것은 그 논문의 길이에 조화되도록 논문 작성자가 잘 생각하여 결정할 일이다. 그리고 본문 중에 기술한 목차의 문장이나 어구와 목차에 기록된 것이 어긋나지 않도록 주의할 것은 물론이고 페이지의 숫자도 틀림없도록 주의해야 할 것이다. 흔히 목차 내용만 적어 놓고 페이지를 밝히지 않은 것을 보는 바, 그것은 이미 낡은 논문 체재임을 명심하고 앞으로는 그런 것이 없어야 할 것임을 특히 강조하고 싶다. 그 이유는 논문 내용의 개략을 짐작하는데 어느 부분이 얼마만큼 언급되었는지 그 분량을 알 수 있게 하기 때문이다.

v) 도표 목록 · 삽도 목록

국문 논문에서 종래 이 목록은 흔히 생략된 일이 많았다. 그러나 실질적으로는 이 도표나 삽도가 논문의 내용에서 상당히 중요한 구실을 하고 있기 때문에, 만일에 어떤 통계표나 대조표 또는 그래프나 분석도 같은 것이 있으면 꼭 그 목록을 명시해야 하겠다. 또 사진 자료나 도록도 그 목록을 작성하여 목차 뒤에 명시하도록 해야 하겠다.

② 논문 본문

어떠한 논문이나 보고서이든 본문은 대체로 다음에 드는 세 개의 부문으로 나뉜다. 즉 서론(introductory chapter), 본론(major report of the study), 요약(summary chapter)—이 요약에는 그 논문에서 밝혀진 새로운 사실, 결론, 장점 등이 반드시 제시되어야 한다— 등으로 구성 배열된다.

i) 서론

이 서론 부분에는 반드시 다음의 사항들이 제시되어야 한다.

ⓐ 문제점에 대하여 조사나 연구를 수행해야 할 목적을 명백하고도 완전하게 제시하여야 한다.
ⓑ 문제점의 중요성에 대하여 확실하고도 특이한 이유를 주장해야 한다. 그러기 위하여는 문제점의 범위를 국한시켜서 논문 작성자의 의도를 명백히 해야 한다.
ⓒ 그 논문에서 완전히 해결되지 못한 사실을 미리 밝혀 둔다. 이것은 독자들에게 그 논문과 관련된 다른 과제에 대한 이해를 쉽게 해주는 데에 크게 도움이 될 것이다.
ⓓ 문제점이나 그것에 관련된 기존 업적에 대하여 간단한 비판을 수반하는 연구사의 개략을 소개해야 한다. 이 연구사의 소개는 문제점을 총괄하여 명백히 이해하는 데에 도움이 될 뿐 아니라 기존 업적이 어떤 오류나 부적절한 처리로 말미암

아 아직도 시정되지 않고 있다는 사실을 이해하는 데에도 도움이 될 것이다.

ⓔ 자료나 논거의 출처, 연구과정의 방법, 사실의 처리 등에 대한 기술을 정확하게 해야 한다.

위에서 든 다섯 가지 요건은 논문의 서론에서는 반드시 언급되어야 하기 때문에 그 순서와 내용을 잘 파악하여 착오가 없도록 노력해야 할 것이다.

ii) 연구보고

우리가 잘 알고 있다시피 학문에는 여러 가지 분야가 있고 같은 분야에도 헤아릴 수 없는 부문이 있다. 이렇게 다기(多岐)로운 연구결과를 정리할 수 있는 일정한 양식이나 체제를 통일하기는 매우 곤란할 뿐만 아니라 거의 불가능한 일이다. 연구 과제, 연구 방법, 연구 자료가 제각기 다른 학문의 논문이 꼭 같을 수 없기 때문이다.

따라서 논문에 있어서 이 '연구보고' 만큼 중요하면서도 짜기 힘든 것은 없을 것이다. 한마디로 말하여 이 부분은 '바로 논문 그것'이라고 생각하는 것이 좋겠다. 그리고 이 부분이야말로 학생들이 '지식'을 위하여 '공헌'할 수 있는 유일한 기회라고 생각함으로써 더욱 신중하게 다루어야 한다는 것을 항상 잊지 말아야 하겠다.

어떤 종류의 논문이든 이 '연구보고'에서 주의해야 할 점은, 첫째로, 논제나 문제점에 대한 충분하고 명백한 설명이 이루어져야 한다. 둘째로는 연구 과정이나 조사 과정에서 채택된 자료나 방법에 대한 명백한 기술이 있어야 한다. 끝으로 모든 사실은 낱낱이 따져야 한다.

위에서 든 여러 가지 요건을 제대로 갖추기 위하여 '연구보고'에서는 다음에서 설명할 세 가지 과정이 필요하다.

ⓘ 논거(data)의 제시

이미 수집한 자료를 치밀한 계획 아래 순서대로 정확하게 제시하는 일이다. 이 논거 제시에 있어서 유의할 점은 논제나 문제점의 성질에 초점을 두어서 체계적으로 논거를 배열해야 한다는 것이다. 바꾸어 말하자면 아무리 아까운 데이터일지라도 과제나 문제점에 아무런 관계도 없는 데이터라면 아낌없이 잘라 버려야 할 것이다. 그리고 논제나 문제점을 해명하는데 있어서 적당한 곳에 적당한 데이터를 제시해야 할 것임은 물론이다.

※ 참 고

春香이 妓生인가 아닌가는 作品 전체의 解釋을 左右하는 중요한 문제이고 異說들이 많으니, 이 문제부터 해결해 나가기로 하자.

이 문제에 대한 해답은 다음 두 가지 중의 하나라고 생각되기 쉽다.

a. 妓生이다. 妓生의 딸이니 妓生이고, 妓生이니까 李夢龍에게 順應했다.

b. 妓生이 아니다. 兩班의 庶女이고, 李夢龍과의 관계는 自由戀愛이다.

이중에서 지금까지 有力한 見解는 b이다.

그러나 作品의 本文에서는 b만 나타나지 않고, a라고 보아야 할 대목도 많다. 그러기에 混亂이 생긴다. 다시 말하면 a와 b 중 어느 하나라고만 처리해 버릴 수 없다. 구체적으로 정리해 본다.

(가) 出生譚을 보자.

a. "셩참판영감이보후로남원의좌정하엿실ᄯᅢ…슈청을들나해옵기로관장의영을못이긔여모신지삼삭만의올나가신후로ᄯᅳᆺ박그보ᄐᆡ하야"(p.44) 春香을 낳았다.

b. "일직퇴기ᄒᆞ야셩가라ᄒᆞ는양반을다리고세월을보ᄂᆡ되연장

사순의당하야일졈혀륙이이업셔일노한이되야쟝탄슈심의병이"(p.1)되어, "션영힝화뉘라ᄒᆞ며사후감장어이하리"(p.2) 근심해, 名山에 빌어서 春香을 낳았다.

(나) 成長過程을 보자

a. "셜부화용이남방의유명키로방첨ᄉᆞ병부ᄉᆞ군슈현감관장임네…양반외입징이덜도무슈이보려"(p.18)했고, "근본기싱의딸리옵고덕ᄉᆡᆨ의장한고로권문셰족양반네와일등직사할양들과ᄂᆡ려오신등ᄂᆡ마닥귀경코자"(p.101) 했다.

b. "도도하야기싱구실마디하고"(p.18), "일편단심일부종사하려"(p.18) 했다.

(다) 李夢龍과의 結緣을 보자.

a. "기싱의쌀이란이급피가불러올라"(p.18) 해서 일이 시작되었고, 月梅는 "양반이부르시난듸안이갈슈잇건난야"(p.22)고 했고, 李夢龍에게 "노르시다가옵소셔"(p.45)라고 했다. 結緣 첫날밤의 春香은 性戲에 능숙한 女人이었다.

b. 李夢龍은 "우리두리인연믹질져그금셕뇌약믹지라"(p.25), "춘향도미혼젼이요나도미쟝젼이라피차언약이이러ᄒᆞ고육예난못할망정양반으자식이일구이언할이잇나"(p.45)고 하며 百年佳約을 맺었다.

(라) 離別을보자.

a. "양반의자식이부형싸라하힝왓다다화방작쳡하야다려간단마리젼정으도고이하고조정으드러벼살도못한다던구나불가불이벼리될박그수업다."(p.74)고하여 李夢龍은 春香을 깨끗이 버리고 달아날 생각이었다.

b. "장원급졔출신하야너를다려갈거시니우지말고잘잇거라"(p.87) "네가나을보랴거든셜워말고잘잇거라"(p.87)라 하며 떠났다. 그리고는 이말대로 되어 李夢龍은 돌아왔고, 결국 春香과 夫婦로서 "ᄇᆡᆨ연독낙"(p.168) 했다.

(마) 卞학도와의 관계를 보자.

a. 卞학도는 春香을 妓生이라 생각했기에, 春香을 찾기 위해 妓生點考를 했다. 春香은 "깝짝놀ᄂᆡ여…아차차이졋네오나리

기삼일졈고라하더니무삼야단이난다부다"(p.104)라고 했다. '회계나리'는 春香에게 "너갓튼창기빅게수졀이무어시며졍졀이무어신다구관은젼송하고신관사또연졉하미법젼으당연하고 사례으도당당"(p.108)하다고 했다. 이에 맞서 春香은 "츙효열여상하잇소"(p.109)라고 하고, 忠孝烈女였던 妓生들을 들어 抗辯했다. 行首妓生은 "너만한졍졀은나도잇고"(p.105)라고 조롱하고, 春香은 "셩임셩임힝수셩임사람의괄셰을그리마소게라는딕딕힝수며닉라야딕딕춘향인가"(p.109)라고 했다.

b. "일부죵사바릭온이분부시힝못하겻소"(p.107)고 했고, 卞학도가 "거역관장하난죄"(p.110)를 論하자, "유부겁탈하난거슨죄안이고무엇이요"(p.110)라고 맞섰다.

以上에서 a는 모두 "妓生 春香"을 말해준다. 妓籍에 이름이 올라 있지 않다 해도, 妓生 身分으로 태어났고, 주위의 兩班들이나 "외입징이들"이 妓生으로 對하고 있다. 妓生들도 同僚로 對하고 있다. 本人 역시 妓生의 行動을 하고 있다.

그러나 b는 이와 아주 다르다. 兩班의 庶女이고, 一夫從事를 바라고 또 이를 成就한다. 그러니 "妓生 아닌 春香"이라 할 수 있다.

本文에서 a와 b가 다 뚜렷이 存在한다. 그러기에 a나 b중 어느 하나를 任意로 選擇할 수 없다.

a를 들어 b를 否認하거나, b를 들어 a를 否認할 權利는 解釋者에게 없다. 오직, "春香은 妓生이면서 妓生이 아니다."라고 할 수 있을 뿐이다.

이런 사실은 이미 여러 先學들에 의해 정확히 지적된 바 있다. 張德順 교수는 그러기에 "不統一. 不均衡의 構成과 進展"이라고 했고, 崔珍源 교수가 "不合理性"이라고 했으며, 尹星根씨는 "모순"이라고 했다. 李相澤 교수는 "二律的 行動體系"라고 한 것도 이 사실에 근거를 두었다.

이러한 사실의 발견은 '春香傳' 研究에서 劃期的인 轉換點을 마련했으며, 이 사실은 무엇을 말하여 作品主題 및 價値에 어떤 관련을 가질 것인가를 둘러싸고 從來와는 다른 次元의 論爭이 가능하게 되었다.

ⓘ 논의(discussion)

제시된 데이터가 개별적이거나 집합적(그룹으로)이거나 간에 그 데이터에 대한 물샐틈없는 논의, 즉 discussion이 수행되어야 한다. 이 논의에서, 앞서 든 연구사에 간략하게 소개된 다른 사람의 의견이나 학설이 상세하게 비판되어야 한다. 그리하여 자기의 창의적인 견해나 독창적인 방법을 뚜렷이 제시해야 할 것이다. 그러기 위하여는 자기의 것과 다른 사람의 것을 명백히 구분할 줄 알아야 할 것이다.

* 참 고

'國文學이란 무엇인가?' 이는 지극히 간단해 보이면서도 매우 복잡한 문제이다. 이 땅에 제법 評論이 시작된 이후로 思潮가 바뀌고 世代가 갈릴 적마다 物議를 일으켜 왔고 論議는 되었으나 아직도 시원한 해결을 얻지 못한 채 오늘에 이르렀다. (中略) 그러면 이제 과거에 어떠한 角度로서 국문학의 개념을 규정하여 왔는가를 보기로 하자. 첫째 李光洙氏는 雜誌「新生」에서 말하기를, 『朝鮮文學을 爲하여서는 太學館은 이야기책을 보는 村家의 사랑방만 못하고 大提學 副提學은 무당과 妓生만 못하였던 것이다. 朝鮮文學이란 무엇이뇨, 朝鮮文으로 쓴 文學이다』 라고 한 이후 대부분의 국문학도들은 氏와 비슷한 견해를 발표하였으니, 孫落範氏는 「우리어문학회」 編인 「國文學史」 가운데서 말하기를,

『漢陽朝 初期에 있어 文化上으로 보아 가장 重大한 事實

은 絶世의 聖君 世宗大王이 朝鮮國子를 制定한 것이니 朝鮮의 文學은 이로써 비로소 安定된 地盤을 얻게 되었으며 眞正한 意味의 國文學은 이로부터 始作된다고 하여도 좋은 것이다.』(傍)

라 하였으며, 金亨奎氏는「우리어문학회」編인「國文學槪論」의 一眞인『國語學과 國文學』이란 論說中에서 말하기를,

『國文學의 限界에 對해서 過去 여러 學者들이 論한 바가 적지 않다. 더구나 우리 文學과 같이 先祖들이 日常生活은 勿論이고 文學作品도 漢文을 빌려서 지은 것이 우리글로 된 것보다도 훨씬 더 많은 古典文學을 論할 때 이것이 問題되는 것이다. 그러나 朝鮮 사람이 지은 英文이나 英詩가 우리 文學이 못되듯이 아무리 朝鮮 사람의 作이라도 漢文學이나 英詩는 國文學이라고는 말할 수 없을 것이다. 이같이 國語로 表現된다는 것은 國文學에 있어서 必須의 條件이 된다.』

라 하였으며, 또 金思燁氏는 그의「朝鮮文學史」가운데서 喝破하기를,

『그러므로 아무리 朝鮮人 다운 感情의 表現이며 文脈일지라도 漢文으로만 쓰여진 것을 가지고 우리 文學이라고 할 수 없으니 오늘날 남아 있는 山積한 文集 雜書 等 漢文으로 記錄된 것 따위는 우리 文學 울타리 넘어 쓰레기통에 버려야 할 無用之物이다.』

라 하여 漢文文學을 아주 抛擲하고 국문학을 위하여 萬丈의 氣焰을 토하였다.

이상 열거한 바에 의하면 氏들은 모두들 어김없이 국문학에 있어서 漢文文學을 그 國外로 몰아내자는 의견으로 통일되어 있는 듯하다. 이로보아 막연하나마 여하튼 국문학의 한계와 그 범위가 어떠한 방향으로 되어 가고 있으며 그 결론이 暗暗裡에 符合되어 가고 있는 것을 看取할 수 있을 것 같다. 그러면 이제 전개한 여러 논설들을 종합 분석 要約하면서 그 견해들을 검토하여 보자.

첫째, 그들은 한글 즉 국어로 표기된 것이라야만 국문학이

될 수 있다고 주장은 하면서 거기 하등의 이론적 근거를 명시하지 않았음을 들 수 있겠다. 그들은 다만 무조건하고 또는 너무도 漢然하게 『國語로 表現된 것이 必須條件』이라고만 부르짖을 뿐이니 이것만으로서는 지극히 단순한 감정의 殘滓 이외에는 아무것도 발견치 못한다는 誹謗을 면치 못하리라.

둘째로, 가장 주목할 論旨라고 볼 수 있는 것으로 「眞正한 意味의 朝鮮文學」은 한글로 표기된 문학이란 점이다. 그렇다면 이 「眞正한 國文學」 이외에 또 하나 다른 의미의 국문학이 있을 수 있다는 것을 暗暗裡에 肯定하고 있음을 지적할 수 있으리라. 이는 틀림없이 漢文으로 표기된 또 다른 국문학이 존재할 수 있다는 것을 표시한 것이 아닌가.

세째로, 그러면 그들이 주장하는 그러한 원칙이 과연 그들의 論者를 통하여 얼마만큼 충실히 履行되고 있는가를 볼진대 우리는 그들의 國文學史 가운데에서 日稗官文學 日說話文學 日傳奇文學 日朴趾源과 그의 漢文小說 이러한 項目들이 버젓이 끼워 있음을 발견한다. 한글로 표현된 것이 국문학일 수 있는 이상 그 史的 發展을 검토하는 대상도 응당한 한글문학만에 국한되어야 할 것임에도 불구하고 어째서 이러한 항목들이 버젓이 國文學史의 一域을 點할 수 있는지 괴이한 일이 아닐 수 없다. 여기 국문학의 難關이 있고 국문학도의 번민이 있다. 그러나 우리는 이 난관과 번민을 그리 模糊하게 흘릴 것이 아니라 좀더 진실해야 하겠고 좀더 명확한 學的 태도를 堅持해야 할 마당에 서 있음을 솔직히 인정해야 할 것이다.(中略)

그러면 국문학의 개념을 규정함에 있어서 어떠한 각도에서부터 문제를 提起해야 할 것인가. 이는 두말 할 것 없이 문학자체의 本質을 理解함으로써 저절로 해명되리라고 본다. 문학이란 무엇이뇨? 이 문제를 위하여 과거 수다한 藝術家 詩人 哲學者들이 갖은 精力과 智慧와 時間을 기울여 우리에게 명확한 定義를 提示하고자 하였으나 누구하나 단 한마디로 우리에게 文學의 가진바 그 意義를 전체적으로 밝혀 주지는 못하였다. 그러나 여기 억지로 설명의 편의상 단 한마디로써 문학의 가진바 가장 두드러진 성격을 들어 표현한다면,

『文學이란 그 表現手段인 言語의 形象的 創造를 通하여 歷史의 進展에 貢獻하는 藝術의 하나이다.』하는 규정이 가능하리라. 따라서 이를 다루는 文藝學의 對象은 이러한 문학이 가진바 「言語의 形象性」과 그의 「歷史的 特殊性」에 관한 價值判斷이라 하겠다.

ⅲ 논지의 전개

이 논지의 전개는 보통 큰 문제로부터 차츰 범위를 좁혀서 작은 문제로 전개시켜 나가는 것이 관례로 되어 있다. 따라서 데이터의 제시에 있어서도 큰 문제에 관계되는 것으로부터 작은 문제에 관계되는 것의 순서로 배열할 것은 물론이요, 논의의 순서도 우선 큰 문제부터 해명해 놓고 차츰 문제를 좁혀가면서 깊이 있는 논의를 진행시켜 나가야 할 것이다. 그리고 논리적으로는 연역적이기보다는 귀납적으로 전개시켜 나가는 것이 보통이다. 특히 연구 논문에 있어서는 귀납적으로 얻어진 결론이 값진 것이요, 또한 논의는 어디까지나 논리적으로 비약이 있어서는 안 된다는 것을 하나의 철칙으로 삼고 있다는 것을 잊지 말아야 하겠다.

또 논지의 전개에 있어서 데이터의 제시와 논의를 분리하느냐 또는 동시에 논지를 펴느냐하는 문제는 논문의 성질에 따라 일률적으로 통일할 수는 없는 것이니, 적절한 방법을 임의로 선택하는 것이 좋을 것이다. 다만 주의할 점은 독자로 하여금 번잡하다는 느낌을 갖지 않도록 해야 한다.

논문의 성패는 그 내용을 어떻게 알기 쉽도록 쓰느냐에 달렸고, 내용을 알기 쉽도록 하기 위하여는 논지의 전개에 타당성이 있어야 한다는 것을 잊어서는 안 된다.

여기서 하나 더 일러 주고 싶은 일은 이 논문의 부분에서 논지를 펴나가면서 하나하나의 문제가 해명되었을 때마다 매듭을 지어서 소결론을 정리해 두는 것이 좋겠다는 것이다. 흔히 결론 부분으로 미루어 두고 본론에서는 결론을 보류하는 것을 보는데 최근에 와서는 본론에서 소결론으로 매듭을 짓는 경향이 우세해지고 있다는 사실은 곧 그런 방법이 편리하다는 사실을 뜻하는 것으로 보아 옳을 것 같다.

* 참 고

우리는 여기에 이르기까지 허다한 문제를 남겨두고 지내왔다. 여기서 다시 앞으로 돌아가 未解決로 남겨진 문제들을 들추어 그 해답을 찾아보기로 하자. 다음과 같은 項目을 중요 問題點으로 提起해 둔다.

A. 놀부와 홍부가 어떤 身分의 人物을 反映하고 있는가?
B. 놀부와 홍부가 對立되는 人間像으로 나타나게 된 어떤 역사적인 必然性이 있었던가?
C. 어떤 이유로 이들이 對立이 葛藤으로 發展되어 作品의 主題로까지 대두되었던가?
D. 왜 작품이 내놓은 문제를 제비와 박의 神秘를 통해서 非現實的인 방법으로 해결해 버렸던가?

우리는 위의 몇 가지 問題點에 대한 구체적인 해답을, 홍부전을 形成시킨 時代的 背景, 당시의 역사 현실 속에서 찾아보자는 것이다. 따라서 朝鮮後期農村社會 內部에서 그 해결의 실마리를 잡아야 할 것이다.

iii) 요　　약

이 부분에 해당되는 것을 흔히 결론이라고는 하지마는 최근에 와서는 물론 결론(conclusion)도 포함하며 논문 전체를 요약하는 이른바 summary를 더 중요시하게 되어 가고 있다. 따라서 이 부분을 단순한 결론이라고만 생각하지 말고 그 논문에서 밝혀진 중요한 사실이나 결론을 논지의 전개에 따라서 순서대로 재정리하고 간명하게 요약하는 결론장이 되도록 하는 것이 좋겠다.

그리고 결론을 도출하는 방법은 본론 부분에서 이미 매듭을 지어둔 소결론들을 종합 판단하여 귀납적으로 이끌어 내어야 한다. 그런데 이 결론을 지을 때에 한 가지 주의할 점은 침소봉대하는 일이 있어서는 안 된다는 것이다. 그리 신통치도 않은 결론을 가지고 마치 무슨 위대한 발견이나 한 것처럼 떠버리면 남의 웃음거리가 된다는 것을 잊지 말아야 하겠다. 오히려 봉대침소하는 겸양이 더 좋은 결론이 되는 것임을 명심하기 바란다. 비록 좀 더 큰 성과를 얻었다 할지라도 되도록 명백한 사실만을 가리고 골라서 자신 있는 사실만을 결론으로 삼는 것이 가장 안전한 길이 될 것이다.

끝으로 이 요약문을 만들 때에 하나 더 유의할 일은 그 논문을 써가는 동안에 아직 해명되지 못한, 말하자면 숙제로 남는 문제가 있으면 반드시 그 문제를 지적해 둘 필요가 있다는 것이다. 그 이유는 곧 다음 연구를 위하여 또는 다른 사람에게 연구 과제를 제공함으로써 학계의 발전에 편의를 도모한다는 뜻에서, 이만한 친절을 베푸는 것이 곧 학문하는 사람으로서의 양심이요 또한 도량이기 때문이다. 그리고 종횡무진하게 논의를 진행시켰다면 그 가운데 반드시 해명되지 못한 부분, 또는 앞으로 좀더 상세히 구명해야 할 문제가 반드시 나올 수 있게 마련이기 때문이다.

③ 참고자료

i) 참고문헌란

이 참고문헌란은 보통 저서나 논문의 맨 끝에 두는 것을 원칙으로 삼는다. 과거에는 그리 중요하게 여기지 않았던 것이지마는 근래에 와서는 반드시 필요한 요건으로 간주되고 있다. 자료의 채취나 비판의 대상이 되었던 모든 서적이나 문헌은 일정한 규정에 따라서 정리 수록되어야 한다. 문헌을 분류하고 배열하는 방법과 서지사항을 기재하는 요령은 본장 3절 4항에서 설명하고자 한다.

ii) 부록

이 부록란에는 논문에서 기재하기 어려운 근본자료, 도표, 장문의 인용문, 법률의 조문이나 외교 관계 조약문, 독자들이 쉽게 얻어보기 힘든 문헌의 내용, 사진 자료 들을 묶어서 기재한다. 이 부록란도 그 내용의 성질에 따라서 적절히 분류하여 이질적인 것을 혼동하지 않도록 주의할 것은 물론이고 목록을 만들어 명시하여야 한다.

iii) 색인

출판물이 아닌 경우 이 색인은 필요로 하지 않는다. 그러나 색인이 있어야 독자가 이해하기 편리할 경우에는 미출판물인 논문에도 색인을 만들어 붙이는 것이 좋다. 그리고 출판 가능성이 있는 논문은 말할 것도 없이 색인을 만들어 두어야 할 것이다.

iv) 요지

대부분의 학술 논문은 Abstract라는 이름으로 외국어(주로 영어)로 된 논문 요지를 작성하는 것을 원칙으로 삼고 있다. 이 논문 요지는 결론장에서 작성하는 요약과는 달라서 훨씬 간략하게 작성해야 한다. 대체로 이 요지의 내용으로는 ⓐ 문제점의 제시, ⓑ 연구방법과 자료 수집의 과정에 대한 간단한 설명, ⓒ그 논문에서 밝혀진 중요한 결과에 관한 간략한 제시 등이 중심이 된다. 이 요지에서는 참고문헌란은 요구하지 않는다. 그리고 학위 논문이나 학회지 같은 데에서는 요지문의 분량을 제한하는 수도 있고 또 일정한 규격을 주어 거기 맞도록 쓰기를 요구하는 경우도 있다.

2) 인용법

(1) 인용의 목적

논문을 쓸 때, 남이 쓴 글에서 어떠한 정보를 제공받는 경우가 있다. 때로는 직접적 · 구체적 증거가 될 수 있는 전거를 빌어옴으로써 자기 견해의 타당성 내지 정당성을 입증할 필요도 있게 된다. 또는 서로가 공통되거나 다른 견해를 비교 · 대조함으로써 논의 전개의 바탕을 마련하기도 한다. 이런 경우에 인용을 하게 되는데, 이때 남의 글을 쓸어 모았다는 인상을 면하고 창의적이고 참신한 논문이라는 인정을 받고자 원한다면 남의 글을 인용하는 요령을 체득해야만 할 것이다.

(2) 인용의 요령과 인용문의 길이

일반적으로 인용을 할 때에는 다음과 같은 점들에 유의해야 한다. 우선 인용되는 자료는 전거로서의 충분한 권위를 지닌 것이라야 한다. 이러한 권위를 갖추지 못한 전거를 인용하는 것은 오히려 역효과만을 가져올 따름이다. 다음으로, 인용은 정확해야 한다. 인용의 구체적인 기술에 대해서는 뒤에서 상세히 다룰 것이려니와 인용은 가급적 인용자가 직접 입수해서 확인한 자료, 즉 소위 1차적 근거(primary source)로부터 이루어져야 한다. 그리고 인용한 부분에 대해서는 반드시 전거표시를 하고 때로는 주석란을 통해 사의를 표시해 둠으로써 인용에 따르는 책임 소재를 분명히 해 두지 않으면

도의적 비난이나 표절, 저작권 침해 등의 시비를 면하기 어려울 것이다.

인용문의 길이는 될 수 있는 대로 짧아야 한다. 경우에 따라서 반 페이지 정도의 긴 인용문도 있기는 하지만, 한 페이지를 넘는 인용이란 절대로 허용될 수 없다고 보아야 한다. 왜냐하면 만일에 인용문이 한 페이지를 온통 차지하면 독자들은 그 글이 인용문이라는 사실은 잊고 필자의 생각으로 오인하기 쉬운 까닭이다. 뿐만 아니라, 지나치게 긴 인용문에 당면 문제와 관계가 희박한 사실조차 개입되어 있기 쉬우므로, 논의의 초점을 흐리게 할 우려도 크기 때문이다.

따라서 가장 요령 있는 인용의 방법은 원문의 구문을 깨뜨리지 않는 범위에서, 인용의 목적을 달성할 수 있는 최소한 문장을 적재적소에 재치 있게 배열하는데 있다고 하겠다. 자기 논문에서 필요불가결한 것이라 도저히 떼버릴 수 없다고 판단되는 긴 인용문이 있다면, 부록으로 돌려 처리하는 방법을 강구해 보는 것도 한 방편이 되겠다.

(3) 인용의 종류와 방법

인용에는 직접 인용과 간접 인용의 두 가지 종류가 있다. 직접 인용은 원문을 그대로 인용하는 것을 말하며, 간접 인용은 원문의 내용을 일단 논문 작성자의 말로 바꾸어 인용하는 것을 말한다.

ⅰ) 직접 인용

직접 인용은 필자가 표현한 대로 옮기는 것이 절대적으로 중요시될 때 예컨대, 논의의 여지가 있거나 의미가 명확치 않은 내용을 인용해야 하거나 자기의 것과는 상충되는 견해를 더욱 뚜렷하게 노출시키고자 할 때, 그리고 어떤 특수한 생각이 특별한 표현 방법을 통해서만 표현 되었을 때, 예컨대 문학 작품과 같이 대단히 개성적인 표현으로 된 내용을 인용해야 할 때에 주로 한다. 따라서 법률 조문·정부 시행령·중요 포고문이라든지 수학이나 과학에서 쓰는 공식·시·소설·경전 등이 직접 인용의 주대상을 이룬다.

ㄱ. 가급적이면 원전이나 표준판으로부터 직접 인용해야 한다.

ㄴ. 직접 인용문을 기입할 때에는, 인쇄는 행수로 3행 이내(200자 원고지의 6행 내외의 해당)일 경우에는 (" ")로써 표시하고, 논문 작성자의 문장 속에 묻어서 계속 기술하되, 행을 바꿀 필요는 없다. 이때 만약 인용문 안에 다시 인용문이 들어 있는 경우라면, 인용문 안의 따옴표를 작은 따옴표(' ')로 바꾸면 되고, 종서를 썼을 경우에는 따옴표를 (「 」)로 바꾸면 된다. 그리고 인용문에 딸린 문장 부호들로 따옴표 안에 들어가야 할 것을 잊어서는 안 되겠다.

만일 인용문이 인쇄된 행수로 3행 이상일 경우에는, 행을 바꾸어 다른 문단을 잡되, 따옴표는 빼고 인용문 전체를 몇 자씩 좌우로 비워서 적어야 한다.

* 참 고

……오늘날 한국의 경제 건설면에서도 「近代化」는 커다란 과제가 되어 있지만, 「近代化」의 개념은 "구미의 이른바 선진국을 뒤쫓으려는 후진국의 노력이라 할 것이므로, 거기에 「近代化」가 후진국의 한 운동의 개념으로서 성립할 수 있는 계기가 있다."[2] 고 한다면 이와 같은 운동의 始發은 19세기 말보다 훨씬 앞으로 소급하여 찾아 볼 수 있다.

* 참 고

李光洙의 民族改造는 과거의 것은 모조리 나쁜 것이다라는 과거 혐오증과 새로운 것은 무조건 좋은 것이다라는 새것 콤플렉스에 그 기반을 두고 있다. 改造란 과거의 것에 대한 혐오와 새것에 대한 동경의 복합어에 지나지 않는다. 그의 개조 의식은 그러므로 과거의 것에 대한 공격에서 시작한다.

민의 말과 같이 우리는 부모 중심 과거 중심이던 구시대 대신에 자녀 중심, 장래 중심의 신세대를 세워야 한다. 그리하려면 우리는 우선 구세대를 깨뜨려야 하고 깨뜨리려면 깨뜨리는 사람들이 있어야 하고 깨뜨리려는 사람들이 있으려면 맨처음 깨뜨리는 사람이 있어야 한다.[3)]

새로 사랑에 눈을 뜬 한 처녀의 입을 통해 진술되고 있는 깨뜨려져야 될 구시대는 그럼 무엇일까? 그것은 朱子主義에 철저하게 감염된 사회제도이다. 그래서 그의 儒教에 대한 철저한 공격과 舊家族制度에 대한 포격이 시작된다.

ㄷ. 직접 인용을 할 때 맞춤법, 구두점, 문단 구분(시의 경우라면 행과 연의 구분) 등을 원문대로 어김없이 인용해야 한다는 것은 말할 필요도 없다. 그러나 때로는 인용된 원문에 대하여 생략이나, 가필 또는 강조를 해야 할 경우도 있게 된다.

먼저, 필요한 부분만을 인용하기 위하여 어느 문장의 앞, 중간 혹은 뒷부분을 생략해야 될 경우가 있을 것이다. 이때 주의해야 할 점은 원문의 뜻을 손상하지 않는 범위에서 생략할 것과, 생략된 부분은 반드시 생략 부호로써 명시해 두어야 한다는 점이다. 이 생략 부호는 보통 3점(…)이나 4점(……)을 사용하지만, 시의 인용에서 한 행 전부 또는 그 이상이 생략될 때에는 시행과 같은 길이의 줄임표를 써야 한다. 산문에서 한 절(paragraph)이나 그 이상이 생략될 경우에도 이와 같이 할 수 있다.

또, 직접 인용의 경우, 만약 원문에 오식이나 오기가 있음을 발견했다고 해서 그것을 마음대로 바로 잡아서는 안 된다. 이때 그것을 다만 지적하는데 그치고 그대로 두고자 한다면, 그 잘못된 부분 바로 뒤에 '(원문대로)' 또는 '(sic)'(이태리체로)이라고 기입하여, 원문에 적힌 그대로 인용한 것임을 명시해야 한다. 그렇지 않고 이를 정정해 두고자하면, 중괄호(〔 〕)속에 정확한 것을 기입하고 이것이 필자(인용자)에 의한 것임을 명시해야 한다. 인용된 부분 중 모호한 대목을 독자가 알기 쉽도록 밝혀 두고자 할 때도 이와 동일한 방법을 쓰면 된다. 이러한 것을 일러 가필(또는 補揷)이라고 한다.

그리고 인용 문장의 일부를 강조하고자 할 때에는 강조된 부분에 밑줄을 치거나 방점을 쳐서 표시하고, 필자가 원문에 없는 선이나 점을 덧붙였다고 밝혀 두어야 한다.

ㄹ. 한문이나 외국어로 씌어진 문헌에서 인용할 때에는 가급적이면 그것의 번역문을 인용하도록 함이 좋다. 번역된 것이 없거나, 있더라도 마땅치 않을 때에는 인용자 자신이 직접 번역을 해야 할 것이다. 그리고 반드시 주석란에다가 그 원문을 옮겨 두어야 한다. 이것은 정확을 기하고 증거로써의 효과를 높이기 위함이다.

ii) 간접 인용

간접 인용의 방법에는 요약과 의역(paraphrase)의 두 가지가 있다. 전자는 인용할 부분의 내용을 그 요점만 간추려 옮기는 것이므로, 원문보다 그 길이가 짧을 수밖에 없다. 후자는 원문의 내용을 필자 나름의 용어로써 부연·설명한 것이어서, 흔히 원문보다 길이가 길게 마련이다. 그 어느 방법을 택하든 직접 인용보다 어려운 것이다. 그러나 이 방법을 잘 구사할 줄 알아야 좋은 논문을 쓸 수 있으므로, 부지런히 훈련해 둘 필요가 있다. 간접 인용의 경우에는 따옴표를 쓰지 않고, 인용문의 끝에 주석 번호를 달고 주석에서 그 출처만 명시해 두면 된다.

* 참 고

作者의 有無에 의하여 傳統民謠와 創作民謠가 구분되는 것과 달리, 스토리 介在 여부에 의하여 우리는 民謠를 크게 둘로 분류할 수 있다. 敍述民謠(Narrative Folk Song)와 非敍述民謠(Non Narrative Folk Song)가 그것이다. 西歐에서는 관습적으로 前者를 발라드(Ballad), 후자를 단순히 民謠라 호칭하는 것이 일반화되어 있다.[12] 따라서 民謠라는 명칭은 두 가지 개념을 내포한 말이 된다.

3) 주석

(1) 주석의 의의와 목적

학문적인 양심은 모든 자료의 출처를 밝히기를 요구한다. 그것은 다만 정직성에 관계될 뿐 아니라, 그 사람의 학문을 인정받는 길이기도 하다. 어떠한 생각이나 서술이거나 간에 그것들이 남의 것에서 꾸어온 것이라면, 서적이건 강의건 면접이건 또는 다른 어떠한 기회에서 얻어내었다 할지라도 그 사실을 반드시 주석란을 빌어 명시해야 한다. 그러나 주석란은 논문에서 이와 같이 자료의 논증을 위해서만 존재하는 것은 아니다. 한편으로 논문의 내용을 지원하고 풍부하게 하는 구실도 하는 것이다.

일반적으로 주석은 다음과 같은 목적을 위해서 행해지는 것이다.

ㄱ. 증거 자료의 타당성을 입증하기 위해서
ㄴ. 신세를 진 데 대한 감사를 위하여
ㄷ. 본문 속에서 다룰 수는 없지만 논의를 보충할 목적으로
ㄹ. 논문의 여러 부분의 연관성(前後參照)을 지어 주기 위하여

(2) 주석란과 주석번호

주석란의 위치로는 근래에 와서, 각 페이지의 아랫부분에 들어가 기입하는 각주(footnote)의 방식을 일반적으로 채택하고 있으므로, 이 방법을 취하는 것이 좋으리라고 생각한다. 단, 이 방법을 채택하였을 때 한 가지 주의해야 할 점은 주석란이 지나치게 많은 자리를 차지해서 복잡한 듯 한 인상을 주지 않도록 할 일이다. 그러기 위해서는, 한 가지 사실을 이용하려면 많은 참고자료를 소개할 필요가 있을 때에 한하여, 복식 주석(multiple footnote)의 방식을 취하는 것이 좋겠다. 즉, 하나의 주석 번호 아래 여러 개의 문헌을 계속 기록하여 주석란의 자리를 줄이도록 하는 것이다. 이때 각 문헌과 문헌 사이에는 세미콜론(;)만 찍어 두면 된다. 덧붙여 말해 둘 것은 이 주석란에서 기록된 문헌은 반드시 논문의 말미에 붙는 참고문헌란에 다시 소개되어야 한다는 것이다.

논문 가운데 주석을 필요로 하는 부분에 주석의 번호를 숫자로 표시하는 주석란에서 다시 이것과 상응하는 주석의 머리에 동일 번호를 붙인 것이 주석번호(footnote)이다. 이 주석번호는 논문 전체를 통해서 일련 번호로 매기는 것이 보통이다.

주석 번호는 대체로 주석란에서 설명하려는 용어나 문자의 끝 오른쪽 위에 기입하는 것을 원칙으로 삼는다. 그리고 숫자 표시는 1), (1), ① 등의 형식으로, 반드시 아라비아 숫자로 해야 한다.

(3) 주석 방법

주석을 기입하는 양식에는 완전 주석과 약식 주석의 두 가지가 있다.

완전 주석이라 함은, 어떤 문헌이 처음으로 인용되었을 때에 그 문헌을 식별하는데 충분한 여러 사항을 빼지 않고 기록하는 방법을 이름이다. 그리고 양식 주석이란 완전 주석의 방식으로 소개된 문헌을 일정한 부호나 약어로써 기록하는 방식을 이름이다.

ㄱ. 완전 주석의 방법

ⅰ) 단행본의 경우

단행본의 경우에는 저자명, 서명, 총서명과 그 권수, 발행 판수, 출판지, 출판사명, 출판연도, 인용 · 참고한 페이지를 순서대로 빠짐없이 기입해야 한다.

ⓘ 저 자 명

동양 사람의 경우 성·명의 순서로 적는다. 영문인 경우에는 서양인이며 명·성의 순서로, 동양인의 경우는 성·명의 순서로 적되, 성 다음에 코마(,)를 찍어 두면 서양인이 보아도 성으로 이해한다. 그리고 이름의 첫 글자는 대문자로, 둘째자의 첫 글자는 소문자로 적되, 첫 자와 둘째 자의 사이에 하이픈(—)을 치는 것이 일반적인 관례로 굳어져 가고 있다.

공저의 경우, 저자가 세 사람 이하이면 세 사람 이름을 다 쓰고, 그 이상이면, 최초의 저자명만 쓰고 나머지는 '외 몇 명'(영문인 경우에는 'and others' 또는 'et al.')으로 약기 한다.

그리고 편저(編著)인 경우에는 편저자는 '편'(영문인 경우에는 'ed'), 번역서인 경우에는 번역자는 '역'(영문은 'trans')으로 성명 다음에 적는다. 그러나 이때에도 굳이 원저자의 이름을 밝혀둘 필요가 있을 경우에는, 그것을 맨 앞에 놓고 편저자나 번역자의 이름은 서명의 다음에 와야 한다.

학술 단체, 협회, 정부 기관 등의 법인이 저자인 경우에는 그 법인명이 저자란에 기입된다. 끝으로 저자명을 알 수 없을 경우엔 생략하고 바로 서명부터 쓸 수밖에 없다.

ⓘⓘ 서 명

저자명 다음에 콤마(,)를 찍고 계속하여 서명을 적되, 겉표지와 속표지의 서명이 다를 때에는 겉표지의 것을 취하여 적는 것이 원칙이다. 부제목(subtitle)은 본제목 다음에 그림표(:)를 찍고 적으면 된다(그러나 너무 길 경우에는 생략할 수 있다).

서양 서명의 경우에는 원고에서 밑줄을 쳐 두고 인쇄시에는 이탤릭체를 사용하여 표기한다. 이때 대문자 사용(capitalization)에 유의할 필요가 있다. 영문의 경우 관사·전치사·접속사 등은 소문자로 시작하고 나머지 단어들은 대문자로 시작하는 것이 보통이다.

ⓘⓘⓘ 출판 사항

초판이 아닐 경우에는 발행 판수를 이어서 적어 두어야 한다(개정판, 증보판, 제3판, reved, 2nd ed 등). 발행 판수와는 성격이 다소 다르지만 영인본, 복사판(reprinted edition), 페어퍼백(paper-back-edition) 등도 기입해 두어야 한다. 이어서 출판지 · 출판사명 · 출판연도를 적는데 이상의 출판사항은 괄호 속에 묶어 기입하되 발행 판수 다음에는 ' ; '을, 출판지 다음에는 ' : '을, 출판사명 다음에는 ' , '를 하고 출판연도는 아라비아 숫자로 기입한다.

이러한 출판사항은 표제지에 적힌 대로 완전히 옮겨 적는 것이 원칙이다. 출판 연도가 여러 해에 걸쳐 있을 경우(帙册의 경우처럼)는 최초와 최후의 연도를 표시하고 그 사이에 짧은 줄표(—)를 쳐 두면 된다.

ⓘⓥ 페이지의 명시

이어서 인용 혹은 참고한 자료가 실려 있는 페이지를 명시해야 한다. 페이지 표시에 있어서 한 페이지만을 표시할 때에는 'p.'라고 쓰고, 여러 페이지를 걸쳐 인용했을 때에는 'pp.'라고 쓰되, 페이지 번호는 아라비아 숫자로 표시한 다음, 마침표(.)를 찍어 둔다. 그래서 예컨대 'p.82.'라고 하며 82페이지를 뜻하고, 'pp.25~46'은 25페이지에서부터 46페이지까지임을 뜻한다. 또 'pp.35ff'라고 하면 35페이지 이하를, 'pp.20~30passim'이라고 하면 20페이지에서부터 30페이지 사이의 여기 저기에서 인용했음을 뜻한다. 그리고 숫자 표기에 있어서 혼동될 우려가 없을 때에는 'pp.132~138.'을 'pp.132~8'이라는 식으로 간략하게 할 수 있으나, 예컨대 'pp.194~205.'라고 써야 할 것을 'pp.194~5'라는 식으로 줄여 쓸 수는 없다는 것에 주의할 필요도 있다.

ii) 논문의 경우

논문의 경우에는 필자명, 논문 제목, 게재지명, 또는 논문집명, 권수 및 호수, 발행 연월일, 인용·참고한 페이지 숫자를 순서대로 빠짐없이 기입해야 한다.

ⓘ 필자명

단행본의 저자명을 기입하는 요령과 같으나, 자기의 논문을 인용했을 경우에는 자신의 성명 대신 흔히 '졸고'라고 한다.

ⓘⓘ 논문 제목

단행본의 서명과는 달리 따옴표(" ")로 묶는다. 논문 제목 끝에는 쉼표를 찍되, 반드시 따옴표 속으로 들어가야 한다. 영문 논문의 경우, 제목의 대문자 사용에 유의해야 함은 단행본의 경우와 같다.

ⓘⓘⓘ 게재지명 또는 논문집명

인용된 논문이 실려 있는 잡지명 또는 논문집명을 완전하게 기입한다. 단행본의 경우와 마찬가지로 서양의 제명에는 밑줄을 긋는다(인쇄시 이탤릭체로).

ⓘⓥ 권수 및 호수

제 몇 권 제 몇 호로 표기하거나, 권수는 로마 숫자로, 호수는 아라비아 숫자로 표시한다(영문인 경우 이 방법을 쓰고 있다).

ⓥ 발행 연월일

발행 연·월까지만 쓰고 일자는 보통 생략한다. 계간일 경우에는 계절명까지만 표시한다. 이상에서, 게재지명(또는 논문집명)·권수 및 호수, 발행 연월일을 괄호 속에 묶어야 한다.

ⓥⓘ 페이지 명시

단행본의 경우와 같다.

ⅲ) 기타의 자료

ⓘ 신문 기사

신문지명, 발행 연월일, 인용·참고한 페이지만 밝히고 필요에 따라 발행지도 밝힌다. 서명기사는 필자명을 기입하고, 사설은 괄호 속에 표시한다.

ⓘⓘ 서적의 일부나 사전류

여러 사람이 집필한 여러 항목으로 이루어진 서적의 일부를 인용하였을 경우에는 필자, 제목, 서적명, 편자명, 권수 등을 밝힌다. 백

과사전인 경우에는 제목을 따옴표 안에 기입한다.

ⅲ 출판되지 않은 타인의 학위논문 원고 및 면접 사항

논문은 학위 구분과 대학교명, 연도를 표시하고, 원고는 소재지나 보관처를 밝힌다. 면접이나 서신 등에 의한 자료도 필요에 따라 밝혀야 한다.

ㄴ. 약식 주석의 방법

이상에서 우리는 구체적 사례를 통해 완전 주석의 요령을 살펴보았다 그러나 일단 주석란에서 완전 주석으로 소개된 문헌을 다시금 인용·참조할 때마다 되풀이 소개한다는 것은 여간 번거로운 일이 아닐 수 없다. 이러한 번거로움을 덜고 논문의 간결성을 도모하기 위하여 일정한 약어나 부호를 사용하는 약식 주석의 방법이 쓰이게 된다.

ⅰ *Ibid*

라틴어 '*ibidem*'의 약어로 '같은 자리에'라는 뜻이다. 바로 앞에서 완전 주석으로 소개되었을 경우, 같은 문헌을 다시 인용하고자 할 때 페이지만 바꾸고 이 약어로 대치해 쓴다. '상게서', '상게 논문' 등으로 번역해 쓰기도 한다.

ⅱ *op. cit*

라틴어 'opere citato'의 약어로서 '인용된 작품에서'라는 뜻이다. 반복 인용하고자 하는 주석문 다음에 다른 문헌에 관한 주석이 삽입되어 있거나, 한 페이지 또는 몇 페이지 또는 몇 페이지 앞에 완전 주석문이 쇼개되어 있을 경우에, 저자명 다음에 이 약어를 쓴다. 그러나 동일 저자의 여러 저서가 동일 논문 내에서 자주 인용될 경우에는 이 약어를 쓸 수 없다는 것을 알아야 한다. 흔히 '전게서', '전게 논문' 등으로 번역해 쓰기도 한다.

ⓘⓘⓘ *loc. cit.*

라틴어 'loco citato'의 약어로 '인용된 자리에서'라는 뜻이다. 한 번 인용된 것을 페이지 수까지 포함하여 반복 인용했을 때 쓴다. 따라서 이 경우에는 페이지 수를 덧붙이는 것은 잘못이다. ibid.처럼 단독으로 쓰일 수도 있고, op. cit.처럼 저자명과 함께 쓰일 수도 있다.

4) 참고문헌 정리

(1) 참고문헌 정리의 의의

주석란은 특정한 사실을 명시하기 위하여 기록하는 것이기 때문에 그런 사실을 명시할 수 있는 소재처를 지적하는 기능을 지니고 있는데 비하여 참고문헌란의 기능은 주석란에서 기록된 사실이나 자료가 실려 있는 문헌 그 자체에 대한 상세한 정보를 알리는데 있다. 이렇게 문헌에 대한 상세한 정보를 알리는 목적을 그 논문에서 다루어졌던 주제에 관련되는 후속논문을 집필하는데에 도움을 주기 위함인 바, 학문의 발전을 기약한다는 점에 있어서 정확하고도 체계있는 참고문헌의 가치를 평가하는데 하나의 기준이 된다는 점도 명심해야 한다.

주석란에서는 여러 번 언급되는 문헌의 경우일지라도 참고문헌란에서는 단 한 번의 기록이면 족하다. 따라서 참고문헌란은 논문 집필에 인용했거나 참고한 모든 문헌에 대한 서지적 사항이 자세하게 기록되어야 한다.

(2) 참고문헌 정리방법

참고문헌을 정리함에 있어서 먼저 해야 할 것은 참고문헌의 수록 범위를 결정하는 일이다. 일반적으로 논문을 작성하는 과정에서 인용·참고한 것을 중심으로 수록하며, 따라서 대체로 주석란에서 언급된 자료들을 정리하여 보다 완벽하게 소개함이 보통이다.

다음으로 체계 있는 참고문헌 정리를 위해서는 문헌의 종류에 따라서 가능한한 일정한 분류를 하여 배열해야 한다. 즉 단행본은 단행본대로 정기간행물은 정기간행물대로, 신문은 신문대로 묶어서 정리해야 할 것이다.

그리고 근본자료와 보조자료도 구분되어야 한다. 이렇게 분류되었거나 그룹으로 묶여진 문헌들은 다시 작성된 논문의 논제범위, 역점 등과의 관련에 따라서 배열되는 것이 원칙이지만 보통 저자명의 가나다순(영문은 알파벳순), 또는 그 문헌들이 발행 연월일 순으로 배열하고 있다. 참고문헌을 분류 배열할 때에는 다음에 드는 종류를 그 순서대로 배열하도록 하면 될 것이다.

㉮ 단행본 ㉯ 논문 ㉰ 정부 문서 ㉱ 미출판물(학위 논문, 원고, 면접사항) ㉲ 기타

ⓐ상기 각 항은 다시 국문과 영문의 순으로 배열한다.

ⓑ국문은 저자명의 가나다순, 영문은 저자명의 알파벳 순으로 배열한다.

ⓒ기재 사항은 주석의 경우와 대체로 같으나 차이점에 중점을 두어 설명하면 다음과 같다.

ㄱ. 저자명(필자명)

주석과는 달리, 저자명은 다음에 쉼표(,)를 찍지 않고 마침표(.)를 찍는다. 서양 사람의 경우, 주석과는 달리 성을 먼저 적고 쉼표(,)를 찍은 다음 이름을 적는 점에 주의해야 한다.

이것은 알파벳 순으로 참고 문헌을 배열하기 위함이다. 원저자명에

이어서 소개되는 편저자 혹은 역자명은 주석과 마찬가지로 명·성의 순이다.

공저는 그 저자명을 다 적는 것이 원칙이나 주석의 경우처럼 간략하게 기입해도 잘못된 것은 아니다. 그리고 동일 저자의 문헌이 둘 이상의 배열될 경우에는 두 번째 이후의 기입에서는 저자명을 생략하고, 같음을 표시하는 가로줄을 그어두면 된다.

ㄴ. 서명(논문명)

서명(논문명) 다음에도 주석과는 달리 쉼표(,) 대신에 마침표(.)를 찍는다.

ㄷ. 출판사항

출판사항을 적는 요령에 있어서 주석의 경우와 다른 점은 출판사항을 괄호로 묶지 않는다는 것과 출판사항을 다 적은 다음에는 마침표(.)를 찍는다는 것이다.

ㄹ. 페이지

역시 주석의 경우와는 달리 페이지는 기입하지 않는다.

이 밖에 경우에 따라서는 참고한 문헌에 대한 간략한 해설을 쓰는 수도 있으나 일반적으로 요구되고 있지는 않다.

문 장 작 법

1993년 2월 20일 초판 1쇄 발행
2007년 1월 25일 초판 5쇄 발행

지은이 **국어교재편찬위원회편**
펴낸곳 **숭실대학교 출판부**
서울 동작구 상도동 511
대표 02)820-0771 FAX. 02)817-5297
등록 제14-2호('82.1.25)
찍은곳 한컴인쇄정보(02-2274-3394)

ISBN 978-89-7450-013-9 03810 값 6,800원